武器としての交渉思考

瀧本哲史

星海社

19

SEIKAISHA SHINSHO

世の中を動かすためには、自分ひとりの力じゃとても足りない。

ともに戦う「**仲間**」を探し出さなければならない。

そして、彼らを味方にし、ときには敵対する相手や、自分たちよりもはるかに巨大な力を持つ「**大人**」とも、「**交渉**」によって合意を結ぶ。

そうやって初めて、世の中を動かしていくことができる――。

そう、交渉こそが、いまの君たちに必要な"武器"なのだ。

ガイダンス　なぜ、いま「交渉」について学ぶ必要があるのか？

こんにちは、瀧本哲史《たきもとてつふみ》です。

本書は、私がいま、京都大学で二十歳《はたち》前後の学生に教えている「交渉の授業」を一冊に凝縮《ぎょうしゅく》したものです。

「交渉」というと、みなさんはどういったものをイメージしますか？

おそらく、企業間のビジネス交渉であったり、犯人を言葉で説得する「交渉人」なんかを思い浮かべるのではないでしょうか。

では、どうして私は、ビジネススキルや説得手法のひとつに数えられることが多い「交渉」を、わざわざ学生に向けて教えているのか？

少し長い前置きになりますが、まずはそのあたりのことからお話ししたいと思います。

キーワードは「時代の変化」と「仲間」、そして「同盟」「革命」です。

同盟、革命などと聞くと、少々ぶっそうな感じがするかもしれませんが、いまの若い人には確実に必要な視点になります。
では、さっそくガイダンスを始めましょう。

「王様と家来《けらい》モデル」の崩壊が始まっている

私が現在、メインで教えているのは、京都大学のいわゆる教養課程ですが、それ以外にも複数の組織・団体から呼ばれて、年に何度かお話しさせていただく機会があります。

依頼されるテーマで多いのが、私が専門とする「ディベート」です。

ディベートとは、あるテーマを設定し（たとえば「選挙の棄権《きけん》に罰則を設けるべきか、否《いな》か」など）、賛成と反対の立場の双方に分かれて意見を戦わせ、第三者の審判にどちらが正しいか判定をゆだねる、という議論の方法のひとつです。

論理的で正しい議論の仕方を学ぶのに効果的なため、「言葉のスポーツ」とも呼ばれています。

最近では、高校の総合学習の時間などにも取り入れられるようになり、私もいろいろなところで正しいディベートの方法について講義するようになりました。

これまで意外なところでは、防衛省・自衛隊からディベートについて教えてほしいという依頼があり、何度か研修を行ってきました。また、Jリーグのユースチームからも頼まれて、若いサッカー選手たちにディベートについて話したことがあります。

この2つのプロフェッショナルな組織が、わざわざ一般の民間人である私のところにディベートの講義を依頼してきたことに、私はひとつの大きな時代の変化を感じました。

その変化とは、ひと言でいえば、**あらゆる組織における「王様と家来モデル」の崩壊**です。

最近ではそんなことはありませんが、自衛隊といえば、ひと昔前のイメージでは「上官の言うことは絶対」というのがあたりまえ。ときには鉄拳制裁も辞《じ》さない、まさに文字通り「鉄の規律」が支配する軍隊型の組織と思われていました。

実際、かつての旧日本軍はそのような組織でした。

戦場では兵士の敵前逃亡は許されません。たとえ死ぬことがほとんど確実な作戦でも、上官の命令には絶対に従わなければならない。だから、「王様」である上官の下に何層もの「家来」である部下がいる、強固《きょうこ》なピラミッド型の組織を作っておく必要がありました。判断するのは、ピラミッドの上層部だけでよかったわけです。

しかし、いまの自衛隊は、旧日本軍とはかなり違う、非常に洗練《せんれん》された合理的な組織です。いくら上官といえども、ワケのわからない命令を下したり、無意味に部下を命の危険にさらすようなことは厳しく禁じられています。

また、自衛隊の隊員の多くは、平和な日本で生まれ育った若者です。上司からのあまりに無茶な指令や、一方的な暴力をともなうような指示がくり返し行われていたら、「こんな組織にはいられない」と判断して、辞めてしまって当然です。

せっかく苦労してリクルートしてきた若者を、何年もかけて一人前の自衛官に育てたのに、辞められてしまっては元も子もありません。

だから自衛隊でも、きちんと上司が部下に対してロジカルに意図を説明し、良好なコミュニケーションがとれる関係を築いておく必要があります。上官と部下に強固な信頼関係があってこそ、厳しい訓練や困難な災害救助活動にも立ち向かうことができるのです。

そこで自衛隊では、主に幹部候補を対象に、いろんな組織マネジメントやコミュニケーションの手法を勉強させるようになった。

その研修の一環でディベートを学ばせたいと考えて、私にお声がかかったというわけです。

「先輩の言うことは絶対」は、もはや通用しない

Jリーグのユース選手にディベートを教えるのも、同様に大きな時代の趨勢《すうせい》によります。大学の運動部に代表される日本の体育会も、ひと昔前は「先輩の言うことは絶対」の年功序列型組織がほとんどでした。

しかし、いまの時代、そんなチームが勝ち続けることはできません。

とくにレベルが上になればなるほど、「なぜチームでこの練習をすべきなのか?」「自分たちの弱点はどこで、どうやって克服《こくふく》すればいいのか?」といったロジカルな思考が、ひとりひとりの選手に求められます。

そして、考えたことをきちんと相手に伝えて、相手にも同意してもらう必要がある。

Jリーグでも、海外で活躍する選手が増えるにつれて、日本人選手には、サッカーのスキルだけではなく、チーム内外でのコミュニケーションスキルが問われるようになっています。

チームのなかでどうして自分がそのようなプレイをしたのか、自分が考えるサッカーとはどんなものなのか——そういうことをきちんとチーム内で主張し、意見を戦わせ、共通

の目標に向かって合意することが、優秀な選手になるためには必須となってきている。
そこで、選手たちがディベートの技術を学ぶことになったのです。

トップダウン型の組織は、時代の変化に対応できない

私がみなさんに自衛隊とJリーグチームの話をしたのは、**「上の偉い人が言うことに従っていればいい」という「王様と家来モデル」が、ピラミッド型組織の代表と思われているようなこの2つの組織においても、とっくの昔に終わってしまっている**、ということをお伝えしたかったからです。

「王様と家来モデル」というのはつまり、上の立場の人間が下の立場の人間に「このようにふるまえ」と秩序を強要し、下の立場の人間はそれに対して基本的に反論の権利を持たない状態のことを指します。

かつての日本では、社会を構成するもっとも基本的な単位であった「家庭」も、家父長《かふちょう》という王様の下に家族がいるモデルで運営されていました。そして、会社をはじめとする社会を構成する組織も、それに倣《なら》って構築されていました。

しかし最近になって、この「王様と家来モデル」型の秩序は、あらゆる組織で通用しなくなってきています。

「王様と家来モデル」では、家来がいち早く状況の変化に気づいても、その情報が意思決定権を持つ王様のところに上がっていくまでに、長い時間がかかります。

そして、ようやく王様が方針を決定しても、その指令が現場に降りるまでにはさらに時間を要し、実行するときにはとっくの昔に状況が変わっている、といったことがよく起こります。

また、家来の人間には、基本的に判断する権利が与えられていないので、王様の判断が間違っていても指令を実行するしかなく、その結果、さらに状況を悪くしていきます。

つまり、**「王様と家来モデル」のように指揮系統がトップダウンの組織は、必然的に状況の変化に機敏《きびん》に対応できなくなり、誤った方向に向かったとしても引き返せなくなるのです。**


大学の教授は、監督でありファンドマネージャー

太平洋戦争に敗北した旧日本軍が、まさにこのタイプの組織でした。

昨今の経済のグローバル化で苦境に陥《おちい》っている多くの日本の大企業も、組織のシステム自体に問題があるために、環境の変化に対応できなくなっているように見えます。

私が身を置くアカデミズムの世界も、かつては「王様と家来モデル」が普通でした。ドラマ『白い巨塔《きょとう》』で描かれたように、絶対的な力を持つ教授の下に、家来のような助手たちが従っているという図式です。

いまでも一部で残っているようですが、そのような研究室から驚くような研究成果が生まれることはほとんどありません。

イノベーティブな発見が生まれるのは、若いスタッフが自由に研究を行っているところばかりです。そういう研究室では、大学や企業から研究資金を集めてきて、若手のスタッフがどんどん新しいことにチャレンジできる環境を整えるのが、教授のもっとも重要な仕事になっています。

たとえば、新しい成果をつぎつぎと生み出している京都大学工学部のある半導体系の研究室では、「あなたの研究テーマなら、企業と合同で研究を行ってみるといい」「君は大学で研究者として、じっくりアカデミックに研究を続けてみたらどうか」「修士論文は少しチャレンジかもしれないが、研究者として生きていくために、こういったテーマでやってみては？」などと、教授が研究者それぞれの適性や願望に合ったテーマを選んだり、アドバイスする仕組みができあがっています。

そして実際、その研究ができるように、大学や企業と交渉して資金を集めたり、合同研究のアウトラインを決めたりするのも、教授の仕事となっています。

研究者にとっては、その研究室に行くことは自分自身を「投資する」ことと同じです。教授は、彼らの才能や努力をうまく「運用する」ことによって、研究室全体の利益を最大化しながら、同時に在籍するメンバーたちのキャリアも向上できるよう、舵《かじ》を取っているのです。

とくにその教授が注意しているのが、企業のニーズと学生・研究者のニーズと研究室のニーズの3つをうまくマッチングさせて、バランスをとることだと言います。

これは、「オレがこの研究をするから、おまえらはただ手伝え！」といった、従来の「王様と家来モデル」ではありません。**教授は、チーム全体の監督であり、ファンド運用者なのです。**

私から見れば、その教授の研究室は、もはやベンチャー企業に近い。

こういった新しい組織から、時代を変えるイノベーションは起こってくるのです。

私の授業では「正解」は教えない

大学の授業も、変わりつつあります。

これまで、一般的な大学の授業のプロセスは、先生が大教室でたくさんの学生に向かって講義をし、学生はそこで教わった情報や知識を暗記して、テストでそれらを再確認する、というのがふつうでした。

そこでは先生が「王様」、学生が「家来」という立場だったわけです。

しかし、最近、NHKの番組がきっかけで大きな話題となった、ハーバード大学のマイケル・サンデル教授の授業は、かなり様子が違っていました。

授業で扱うのは「正義とは何か」といった捉《とら》えどころのないテーマ。先生と学生同士が「5人の命を救うために、1人を見殺しにするのは正しい行いか?」といった問題に対して意見を述べ合い、とことん議論を突き詰めて考えていきます。

しかし、最終的に「これが正しい」という正解は提示しません。

京都大学で私が行っている授業も、このサンデル教授の授業と同様に、いつも「答えがないもの」をテーマに扱っています。

たとえば、「起業」です。

どんな会社を作ればいまの時代、継続的に収益を上げて、世の中に求められる製品やサービスを送り出すことができるのか？　過去の成功、あるいは失敗したケースを取り上げて、学生たちと討論しながら、何が命運を分けたのかを探っていきます。

しかし、いくら過去の事例を取り上げたところで、会社を取り巻く社会状況は時代とともに刻々《こっこく》と変化していきますので、起業に関して「絶対にこうすれば成功できる」という正解は存在しません。

だから私の授業では、教壇《きょうだん》に立つ私の意見を一方的に教えるのではなく、インタラクション（相互の交流）をとても重視しています。

教師である私や、自分以外の学生が何かの情報を発信したら、ひとりひとりがそれについて自分の頭で考えて、カウンターとなる意見を出すように求めます。

先生が常に正しいことを言っているというわけではない、という前提がクラス全員に共有されているので、私の考えが、ひょっとすると学生に論破《ろんぱ》されるかもしれません。

この形式の授業には「王様」も「家来」も存在しません。教員と学生には、ある種の対等性があるわけです。

私がよく知る東京大学の若手教員は、授業中に学生がツイッターをやることを全面的に認めています。

「ケータイ禁止！」「パソコンは鞄《かばん》にしまっておけ！」といった先生が多いなか、その授業では、学生たちにツイッターで感想や反論、わからない点を投稿させ、学生同士のやりとりを活性化させたり、そのツイッターの投稿に教壇に立つ先生自身が反応したりすることで、授業を一方通行のものにはしまいとしているのです。

もちろん、ツイッターに熱中しすぎて授業内容への理解がおろそかになってしまっては本末転倒ですが、教わった内容をただ暗記するだけの「死んだ授業」を変えていこうとする流れがいま、私やこの先生にかぎらず、各大学の若い先生を中心に起きています。

知識や情報の確認テストでいくら良い点数をとっても、いまの時代にはほとんど無意味でしょう。漢字の読み書きが典型ですが、**いまやネットで検索すれば漢字検定一級の問題であっても、誰でも10秒で答えが出せます。**

「誰でもできること」に価値はありません。そして、「誰でもできること」しかできない人材は、いまの時代、確実に買い叩かれる運命にあります。

だから、思考力や洞察《どうさつ》力、想像力を育《はぐく》むかたちに大学教育も変えていかなければなりません。若手教員のあいだで双方向の授業への流れが生まれているのは、時代の変化を反映させてのことなのです。

教育の原点「ソクラテス・メソッド」

じつは、いまの日本の大学で一般的に行われているような、一斉《いっせい》方式・一方通行の授業スタイルは、中世にイタリア・ボローニャ大学で発明されたものです。

本来的な知のあり方、勉強の仕方とは、サンデル教授がハーバード大学でやっているように、学問の場に集《つど》う人々がひとつのテーマについてとことん話し合い、議論を戦わせて、ゴールを探すというスタイルでした。

この対話形式の授業を、**別名「ソクラテス・メソッド」と呼びます。**

哲学者のソクラテスが弟子との問答《もんどう》を通して「真理」の追究にあたった故事《こじ》に由来する方法であり、いまから2400年前の古代ギリシャの時代から近代まで、それは王道の教育スタイルだったわけです。

そもそも、教育（education）という言葉は、ラテン語で「引き出す」という意味のエデュカーレ（educere）が語源だと言われています。

つまり、**上の立場の人間の考えを「押しつける」ことでも、正解を「詰め込む」ことでもなく、相手から思考力や洞察力、想像力を「引き出す」ことこそが、教育本来の姿なのです。**

ソクラテス・メソッドは、まさに正統な教育のあり方だと言えるでしょう。

ちなみに、現在でもソクラテス・メソッドで授業を行っている代表的な教育機関として、ロースクールとビジネススクールがあります。

その2つの学校に通う学生たちが目指すところは、法律家と経営者です。

裁判にも経営にも「絶対の正解」はありません。だから、どちらの職業にとっても必要なのは、「議論を通じて最善解を探し、自分の意見の賛同者を増やしていく」という姿勢となります。

この2つの教育機関が伝統的にソクラテス・メソッドを採用しているのは、必然的であると言えるでしょう。

日本では明治時代以降、ひたすら上から与えられた「正解」を「暗記する」ことが、正しい勉強であると思われてきました。

そのため、大学の授業も（もっと言えば、小中高校の授業も）「王様と家来モデル」で運営されてきましたが、それに変化の兆《きざ》しが出てきているのは、議論を通じて「いまの最善解」を探す必要性が、時代の要請《ようせい》として高まってきているからかもしれません。

「ローマ法」はなぜ生まれたのか？

自衛隊やJリーグの変化とアカデミズムの世界の変化、双方に共通するのが、「上から与えられる〝正解〟ではなく、自分たちで〝答え〟を導き出す」という姿勢への転換です。

それは言葉を換えると、**「自分たちで考え、自分たちで〝秩序〟を作り出す」**行為とも言えるでしょう。

しかし、そういった考え方自体は、けっして新しいものではありません。

人類史をひもとくと、人々が集まって、話し合い、合意して秩序を作り出すという社会のあり方には、2000年以上の歴史があることがわかります。

その最初の具体的な姿が「ローマ法」です。

古代ローマで暮らしていた「自由人」と呼ばれる人々は、「奴隷《どれい》」とはちがって、自分たちの意思で自由に物事を決めて、行動することができました。

しかし、自由人同士が各々《おのおの》の意見を戦わせているうちに、ときには言い争いが起こります。対立が発展して、武力をともなう戦いに結びつくこともありました。

そこで彼らは、「自律的に物事を考えることができ、それぞれ武力を持っている複数の自由人が、暴力的な手段をとることなく、お互いが合意することによって秩序を作っていこう」と考えました。

そうして生まれたのが「契約」に基づく最初の法律、「ローマ法」なのです。


ローマ法ができる以前の古代文明の社会秩序というのは、「全能の神」によって上から与えられるものでした。

王様は、天上の神が定めた秩序を代行する権利を持っているとされたわけです。

そして、社会での「契約」、つまり「誓い」や「約束」も、神に対してするもので、人間に対してするものではありませんでした。

いまでもその名残《なごり》が見られるのが、西洋式の結婚式です。

キリスト教の結婚では、新郎新婦は永遠の愛をお互いに誓うのではなく、神に対して誓います。

その結果、ふたりは終生《しゅうせい》変わらぬ愛情を持ち続けるようにと「拘束《こうそく》」されるわけです。

「神に対する契約」ではなく「人間同士の契約」が効力を持つようになったのは、ローマ法の成立からになります。そのときから人間社会では、**ふたりの人間がお互いに合意すれば、契約が成り立つことになりました**。

ローマ人たちは、この考え方を**「パクタ・スント・セルヴァンダ」**（合意は拘束する）と呼びました（厳密に言うと、合意が拘束力を持つには、ローマでは合意したうえで一定の要式《ようしき》を満たす必要がありましたが、少し脇道にそれるのでここで詳しくは述べません）。

ちなみに、私が法学部の学生だった頃は、この言葉が冗談としてよく使われ、たとえば「12時にどこどこで会おう」と友人と決めると、「パクタ・スント・セルヴァンダ」と最後に言うのがお約束になっていました。

この「契約が人間を拘束する」という考え方は、現在の法秩序の根本となっています。

スイス生まれの哲学者で、フランス革命にも多大な思想的影響を与えたジャン＝ジャック・ルソーは、この考え方を「社会契約論」と名づけました。

私たちがいま生きる社会の基本となる国家や政府というものの仕組みも、「みんなが契約して合意のもとに作られた」と考えられているのです。

束縛《そくばく》があって初めて自由が得られる

みんなが「契約を守ろう」と約束することで社会が健全に回っていく——これが民主主義にもとづく近代国家の基本理念です。

契約は、守らなければ何らかのペナルティが科《か》されます。そういう意味で、契約とは必ず個人にとって「自由を束縛するもの」になります。

しかし、なぜわざわざ、お互いに自由を束縛する必要があるのでしょうか？

それは、**全員が完全に自由になると、他者の自由と衝突《しょうとつ》するために、かえって不自由になってしまうからです。**

たとえば、みんなでひとつのシェアハウスを借りて、各自が勝手気ままに生活したらどうなるでしょうか？

共有スペースや台所はゴミだらけとなり、悪臭を放《はな》つようになるかもしれません。好き勝手に友達を連れ込んで連日のように騒ぐ人がいたら、他の住人は不愉快《ふゆかい》で仕方ないでしょう。

共同生活を円滑《えんかつ》に運営するためには、面倒であってもゴミ出しや掃除の当番を決めて、互いに迷惑をかけないように最低限のルールを作ることが必要となってくるわけです。

しかし、そこで大切なことがあります。

それは、**「自分を束縛するルールは、他の人との合意に基づいて決めなければならない」**ということです。

もし誰かが「門限は9時ぴったり。それまでに帰って来ない人は、絶対に中に入れません！」などと一方的なルールを強制してきたら、それは他の人の自由の侵害に当たりますし、そんな不自由な思いをするくらいなら、わざわざシェアハウスに住む必要はありません（ちなみに、そのシステムで運営されているのが「寮母《りょうぼ》」のいる学生寮などです）。

だから、住人同士が話し合って、「冷蔵庫のなかのものは勝手に食べない」「光熱費は頭数で割って毎月何日までに払うこと」といった最低限のルールに関しての「合意」を結ぶことで、できるだけ自由度を高めながら、快適に生活できることを目指すわけです。

これは社会でも一緒です。

みんなが自由に生きるためには、必要最低限のルールを合意に基づいて決めて、各自が守っていく。**そうすることで「自由を最大化」することができるというわけです。**

ルールというのは、社会でいうところの「法」になります。

つまり、「自由主義」と「法治主義《ほうち》」というのは、じつは表裏《ひょうり》一体の関係なのです。

自由になった人は、つぎに「どういう場合ならば、自分は拘束されてもいいのか」「どんな場合は、相手を拘束していいのか」という問題を他の人と話し合って、意思を一致させておく必要があるわけです。

自分たちの手で「新しい仕組みやルール」を作れ！

社会のなかで真に自由であるためには、自分で自分を拘束しなければならない。

だから、何に拘束されるのはオーケーで、何に拘束されてはいけないのか、あくまで自分で決めなければいけません。

話し合いの相手が自分よりも強い立場にいることもあるでしょう。しかし、その強い相手に対しても、自分が合意した結果として拘束されるのであって、強制的に約束を守らされてはいけないのです。

その合意を作り出す手段こそが、この本のテーマである「交渉」になります。

交渉とはけっして、単なるビジネススキルではないのです。

人間が何千年もかけて作り出してきた民主主義の社会は、人々が交渉した結果である「合意に基づいた契約」を行うことで、秩序を生み出していくのが基本となります。

ところが、時代や国によっては、そうではないことも多々ありました。

私たちが住む日本も、かつては個人が職業を選ぶこともできなければ、住む場所も勝手には決められませんでした。

誰か偉い人が「こうやって生きろ」と命令したことに、従わざるをえなかったわけです。

太平洋戦争の終結によって、民主主義国家として生まれ変わったあとでも、日本社会は真の自由人同士が作る社会ではない側面が強く残っていました。

地縁や、血縁や、社縁といったしがらみがあったことや、世間の「空気」を重んじる価値観などが理由かもしれませんが、「お上《かみ》の言うことには逆《さか》らうな」という雰囲気が長い間あったことは確かです。

それは、いまでも色濃《いろこ》く存在しています。

しかし、さきほども述べたように、もはやその「王様と家来モデル」で生きていくことは、誰にとっても困難な時代となってきています。

2011年に起きた東日本大震災と福島の原発事故は、盤石《ばんじゃく》と思われてきた日本の社会システムがいかにもろいものであったかを、白日《はくじつ》の下に晒《さら》しました。

国の財政は破綻《はたん》が懸念《けねん》され、年金などの社会保障が今後もきちんと続くかどうか、誰にもわかりません。

日本の高度経済成長を支えてきた大企業のいくつかは、いつ倒産してもおかしくない状況となっています。今後は、中国やインドの企業に買収されるようなことが、日常的に起きてくることでしょう。

これまで日本を支えてきた「頭の良い偉い人が作った仕組みやルール」が、もはや通用しなくなってきているのです。崩壊はしてないまでも、明らかに機能不全を起こしている。そういったことが、誰の目にも明らかとなりました。

だからこそいま、若い世代の人間は、自分たちの頭で考え、自分たち自身の手で、合意に基づく「新しい仕組みやルール」を作っていかなければならない。

そのために、交渉の仕方を学ぶ必要があるのです。


革命は「エスタブリッシュメント」の協力下で起こる

前置きが長くなりますが、さらに大きな視点で、いまこそ若い人が交渉を学ぶべき理由について、説明していきたいと思います。

どの国のどの時代であろうと、**社会が大きく変わるとき、その運動の中心を担《にな》うのは、**

20代、30代の人間です。

日本の明治維新も、その中心となったのは20代後半から30代前半の若者でした。明治維新のきっかけとなった薩長《さっちょう》同盟が締結されたとき、薩摩《さつま》藩側の代表をつとめた大久保利通《としみち》は35歳。長州藩の木戸孝允《きどたかよし》は32歳でした。戊辰《ぼしん》戦争で最後まで新政府に抵抗したのちに、明治政府の重臣《じゅうしん》となった榎本武揚《えのもとたけあき》は、31歳で海軍のトップに就任しています。

日本の初代総理大臣、伊藤博文《ひろぶみ》は、大久保利通が死んで36歳で内務卿《ないむきょう》となり、その時点で事実上の国政のトップに立っています。

これは、いまの政治家と比べれば一目瞭然《いちもくりょうぜん》ですが、驚くべき若さです。

しかも、彼らの多くが地方出身者であり、若いときには暴勇《ぼうゆう》で知られて、武士とはいえ「郷士《ごうし》」と呼ばれる下層階級の出身、そんな人ばかりでした。

しかし、変革期の国家で若い人が社会の中枢《ちゅうすう》に躍《おど》り出るのは日本だけではありません。アメリカの独立も、フランス革命も、近年、アフリカ北部や中東の国々で連鎖して起きた、ジャスミン革命を発端《ほったん》にした「アラブの春」も、その前線で戦ったのは常に若者です。

さまざまな国でこれまでに起こされてきた革命は、ほとんどすべてが若者たちの手によって成し遂げられてきたのです。

しかし、ここで見落としてはならない重要なことがあります。

それは、**革命の裏には必ず、若者たちをバックアップするエスタブリッシュメント層（社会的な権威・権力を持つ人々）がいた**ということです。

日本の明治維新を担ったのは、坂本龍馬《りょうま》や高杉晋作《たかすぎしんさく》などの志士《しし》と呼ばれた若者たちでしたが、彼らの多くは自分の生まれた藩から「脱藩」しています。

当時の藩の決まりでは、脱藩に対する刑罰は死刑であるのがふつうです。

ところが、志士のひとり、江藤新平《えとうしんぺい》は、生まれ故郷の佐賀藩を脱藩したあとに帰郷しますが、前藩主であった鍋島直正《なべしまなおまさ》は、彼の才能を高く買っていたために無期謹慎に罪を軽減し、江藤の命を救ったのです。

それにより江藤は政治活動を継続することができ、のちに明治新政府に加わることになりました。

また、長州藩出身の桂小五郎《かつらこごろう》（のちの木戸孝允）も、10代のときから藩主・毛利敬親《もうりたかちか》に特別に目をかけられ、藩の若き俊才《しゅんさい》として優遇的な立場を与えられていたことが、のちの活躍につながる大きなきっかけとなったのです。

他にも、たとえば中国で共産革命を主導した毛沢東《もうたくとう》には、14歳年上の中国共産党初代トップ、陳独秀《ちんどくしゅう》がいました。「新青年《しんせいねん》」という言論誌を創刊し、魯迅《ろじん》らの言論活動を支援していた超名門の家の出である陳は、北京大学の図書館職員として働いていた20代の毛沢東に活躍の場を提供。毛が世に出るきっかけをつくっています。

このように、革命というものは、若者たちだけの力で成し遂げられるものではありません。革命を成す若者たちは、その時代、その国で権力を握る、エスタブリッシュメント層の人々から支援を受け、ときに彼ら「大人たち」に変化を促《うなが》すことで、世の中を動かしてきたということが言えます。

つまり、**本当に世の中を動かそうと思うのであれば、いまの社会で権力や財力を握っている人たちを味方につけて、彼らの協力を取りつけることが絶対に必要となってくるわけです。**

ジョブズ、ザッカーバーグを支援した「大人」たち

「革命」には、協力する大人がいることが必須となる。

そのことは、**政治だけでなく、ビジネスの世界においても同じです。**

世界最大のIT企業に成長したアップルの例でいえば、誰もが知る創業者のスティーブ・ジョブズと、「ウォズの魔法使い」と呼ばれた天才プログラマー、スティーブ・ウォズニアックのふたりが知り合って創業したことは有名です。

ふたりが出会ったのは1971年、ヒューレット・パッカードの夏季インターンシップの場であり、スティーブが16歳、ウォズが21歳という若さでした。

その5年後にアップルは第1号のパーソナルコンピュータを発売し、大ヒットとなりますが、その創業時に実はもうひとり、インテルでマーケティングの仕事をしていたマイク・マークラという人物がいて、若いふたりをサポートしたことは、それほど知られていません。

アップルは、創業時に30代半ばだったマークラが、手持ちの資金9万2000ドルを投資し、またバンク・オブ・アメリカから貸付枠を得るなど、実務的な面を取り仕切ったからこそ、初期から成功することができたのです。

世界初のブラウザを発明し、初期のインターネットを爆発的に普及させることに貢献したネットスケープは、マーク・アンドリーセンという人が22歳のときに作った会社です。

彼の後《うし》ろ盾《だて》にも、コンピュータグラフィックスという分野を築き上げた大企業、シリコングラフィックスの創業者、ジム・クラークがいました。

彼が、マーク・アンドリーセンの開発したウェブブラウザ「モザイク」を見て惚《ほ》れ込み、メールを送ったことが創業のきっかけとなったのです。その後、ふたりは共同でモザイク・コミュニケーションズ社（のちのネットスケープ・コミュニケーションズ社）を設立しました。

また、利用者がついに9億人を超えたフェイスブックは、19歳で同サービスをスタートさせた創業者のマーク・ザッカーバーグが有名ですが、彼のうしろにもペイパルを大成功させた投資家、ピーター・シールがいました。

20歳近く年上のシールから50万ドルの出資を受け、さらに会社の成長のために邪魔だった人物の除外を手助けしてもらうことで、フェイスブック社は急成長を遂げることができたのです。

このように、アメリカのシリコンバレーで生まれたベンチャーで、のちに世の中を驚かせるようなサービスや製品を開発して、巨大な企業に成長した会社の背後には、若い起業家たちを支援する「大人の人々」がいることがじつに多いのです。

こびるのではなく、投資の対象と見なされろ

これは、日本の会社でも同じことです。

近年、爆発的に成長して話題となっているグリー株式会社は、社長の田中良和《よしかず》氏が27歳のときに創業し、携帯ソーシャルゲームを事業の中心とすることで大きく飛躍しました。

その成長のきっかけは、通信業界の大企業であるKDDIと提携を結んだことです。

また、グリーと携帯ゲームの覇権《はけん》を争っているDeNAも、プロ野球球団を買収するまでに急拡大しましたが、彼らもまたリクルートやソニーコミュニケーションネットワーク（ソネット）などの大企業の出資によって、最初の事業の基盤を作っています。

「エスタブリッシュメントの支援を得る」ということは、ビジネスの世界で成功するためには、ほとんど必須といっていい条件となっています。

そのことは、ライブドアの社長だった堀江貴文《たかふみ》氏と、楽天の三木谷浩史《みきたにひろし》氏のたどった軌跡《きせき》を比較すると、よくわかります。

どちらもたった10年ほどの期間で、何千人もの従業員を抱えるまでに大きく成長したIT企業の若い創業社長です。ふたりともにプロ野球球団や放送局の買収に乗り出し、メディアを賑《にぎ》わせました。

しかし、ふたりの現在の状況は、大きく明暗を分けています。

「金で買えないものはない」などの挑発的な発言で、エスタブリッシュメント層の怒りを買ってしまった堀江氏は、最終的に粉飾《ふんしょく》決算の罪で服役することとなり、彼の創業したライブドアも上場廃止となってしまいました。

２０１２年には韓国資本のＮＨＮというネット企業に吸収され、社名も消失することとなったのです。

それに対して、年配者に好かれることで知られる三木谷氏の楽天は、経団連にも加入し（のちに自ら脱退しますが）、望みどおりプロ野球の球団買収にも成功します。

いまや楽天は、時価総額で日本有数の企業に成長しました。

私たちの知らないところで、いまなお日本経済はエスタブリッシュメント層にがっちりと牛耳《ぎゅうじ》られており、彼らの意思に正面から反抗することがいかに大きな反発を招くかを、堀江氏は身をもって教えてくれたと言えるかもしれません。

とはいえ私は、「自分が成功するために、老人たちにうまく取り入れ」と言っているわけではまったくありません。

若者が「世の中を変えよう！」と立ち上がるだけでは、けっして社会は動かせない。革命を起こすには、大きな権力を握る大人と対等に交渉して、合意を結び、具体的なアクションにつなげていかねばならない。

つまり、**彼らにこびるのではなく、「将来見込みがある若者」として、彼らから「投資の対象」と見なされる必要があるわけです。**

この本のキーメッセージのひとつが、まさにここにあります。

世の中を動かすためには、自分ひとりの力ではとても足りない。ともに戦う自分たちの「仲間」を探さねばなりません。

そして、彼らを味方にし、ときには敵対する相手や、自分よりもはるかに巨大な力を持つ「大人」とも、交渉によって合意を結ぶ。

そうやって初めて、世の中を動かしていくことができるわけです。

なぜ「異質なもの」と手を組む必要があるのか?

交渉では、自分とはまったく考え方も立場も異なる「異質な人」と話し合い、合意を結ぶことが求められます。

この「異質な人」とのコミュニケーションも、若い人にとってはたいへん重要だと私は考えています。

最近、就職活動に取り組む若者の間では、会社を選ぶ際に、仕事の中身やそこでどれだけ給料がもらえるかよりも、そこで働く人たちの価値観が自分と共通しているかどうかが重視されるようになっているようです。

「仲間」という言葉は、時代のキーワードにもなっています。

国民的なマンガ『ワンピース』を題材に、仲間の持つ力やその作り方を分析した本が売れていたり、都心に暮らす20代の若者同士がひとつの大きなマンションや一軒家を借りて、そこで擬似《ぎじ》家族的に暮らすのも流行しています。

また、ツイッターやフェイスブックなどSNS（ソーシャル・ネットワーキング・サービス）と呼ばれるインターネットサービスが爆発的に会員を増やしており、友達とつながるための交流ツールは、10年前では考えられないほどに発展しました。

こうした流れを見るに、いまの若者の間では「仲間探し」がトレンドとなっているようです。

私も若い人が「仲間」を探すことはたいへん重要なことだと思っていますし、本書で述べる交渉も、それに大いに役立ってくれるはずだと信じています。

しかし、仲間探しには注意すべき点もあります。

ひとつは、SNSのようにごく狭い関心領域でつながった友人のなかにいると、どんどん自分の世界が「タコツボ化」（異文化との接触が断たれた状況になること。似た言葉に「ガラパゴス化」がある）していくことです。

よく政治的な世論調査の結果に関して「ネットではまったく逆の意見ばかりなのにおかしい。情報操作されているのではないか」などと憤《いきどお》っている人がいますが、それはその人が見ているネットの意見が偏《かたよ》っているだけの話です。

ネットのなかで、仕事や趣味や価値観が似通《にかよ》った人の意見だけを見続けるうちに、それが世の中で「普通」の感覚だと勘違いして、知らぬ間に一般社会からどんどん乖離《かいり》していきかねません。

自分では、多種多様な仕事やプロフィール、世代や価値観の人々と有機的につながっているつもりでも、「ツイッターやフェイスブックをやっている」という括《くく》りでは、きわめて同質的なつながりなのです。

ツイッターのユーザーのなかには、社会でやっていくのは苦労するだろうなと思われる若者の姿を見ることも珍しくありません。

先日も、大学生活に適応できない学生同士がシェアハウスを借りて共同生活し、「俺たちは自由に生きているんだ」ということをツイッター上で確認し合っている様子を目撃しましたが、その姿に感動した地方の高校生が家出をして、東京のそのシェアハウスに合流してしまったようです。

その集団は一見、自由でオープンであるかのように見えて、その実《じつ》、もっとも視野が狭い閉鎖的な集団であるとも言えるでしょう。「シェアハウス」などという流行《はや》り言葉に騙《だま》されてはいけません。

タコツボのなかにいるのは居心地がいいことですが、それはときとして、非常に危険な結果を生むこともあります。

かつて、社会変革を訴《うった》えた日本赤軍《せきぐん》やオウム真理教などの組織も、どんどんタコツボ化して自滅していきましたが、それは彼らが、自分たちの外部の異質なものとの対話の通路を閉じていたからではないかと私は思います。

ゲイが多い街からイノベーションは生まれる

居心地の良い仲間同士で過ごすことには、別の危険もあります。

それは**「自分と似た人間、同質な人間ばかりと出会っていても、大きな〝非連続的変化〟は生み出されない」**ということです。

非連続的変化とは、たとえば馬車が自動車になったり、インターネットの発明によって情報の流通量がそれまでの何百万倍にも高まるような、それまでの常識では考えられないような飛躍的な変化のことを言います。

社会を大きく変えるような発明や新商品を生み出すためには、この非連続的変化をいかに起こすかが大切となります。

アメリカのシリコンバレーや、数々のベンチャー企業を輩出《はいしゅつ》するスタンフォード大学などは、まさに都市や大学が非連続的変化を生み出し続ける母体となっていると言えるでしょう。

なぜ、それらの都市や大学では、非連続的変化を起こす人が定期的に生まれるのか？

それについて、トロント大学の都市経済学の専門家、リチャード・フロリダ教授が興味深い研究を行いました。

アメリカのハイテク産業で大きく伸びている都市の国勢調査を分析したところ、「同性愛者」（ゲイ）と「俳優や芸術家、デザイナーなどのクリエイティブな仕事に従事する人」（ボヘミアン）が多いことがわかったのです。

フロリダ教授はこれを「ゲイ指数」「ボヘミアン指数」と名づけ、どれくらい都市がクリエイティブであるかの指標とすることを提唱しました。

教授によれば、ゲイやクリエイター層の人々は、一般的に美的センスに優れており、他者への寛容《かんよう》の気持ちや文化的開放性をより強く持っているために、多くの才能や人的資本を惹《ひ》きつけると言います。

また、非常に強く社会で差別されているゲイのような人々を受け入れる都市は、それだけ異質なものへの許容度が高く、多様性を持っているために、新たなビジネスやイノベーションが生まれやすいというのです。

「空気が読めない人」がマジョリティになる社会へ

私は、いまの日本社会も、これまでのような小さな仲間内で回る社会から、異質なものと出会って大きく変化していく社会へと、ゆるやかに移り変わろうとしているように感じ

ています。

ちょっと前の流行語で「KY《ケーワイ》」という言葉が話題になりました。

これは、「空気が／読めない」の頭文字からとった言葉ですが、世の中の暗黙の了解やいわゆる「お約束」（＝空気）を知らず知らずに無視してしまう人のことを揶揄《やゆ》する文脈で、一時たくさん使われました。

しかし、なぜこの時代に「KY」という言葉が流行したのか考えると、違った文脈でこの言葉を捉えることができます。

誰もが世の中の「暗黙の了解」を自然に感じ取って、その通りにふるまっていれば、こんな言葉が流行る理由はありません。つまり、「空気が読めない人」が以前に比べてずっと日本社会で増え続けて、むしろマジョリティになりつつあるからこそ、この言葉が流行ったのではないか。

私はそう考えているのです。

以前の日本社会では、所属する会社や業界ごとに、それぞれの企業文化や価値観が確固としてありました。銀行には銀行の、公務員には公務員の、ゼネコンにはゼネコンの世界のルールがあり、そこで長年働く人々は、自然とその価値観に染まっていくのがふつうでした。

つまり、以前の日本でも、「空気」は統一されていたわけではなく、それぞれの人々が生きる社会組織ごとの「空気」があったわけです。そのなかで生きていくかぎり、他の空気を持つ組織とは、積極的に混じり合う必要はありませんでした。

しかし、バブル崩壊後のこの15年で、状況は大きく変わりました。

急激なグローバル化とIT化により、経済環境はすさまじい速さで変貌するようになり、あるとき大儲けした会社が、数年後には倒産するということも珍しくなくなりました。

企業は生き残るためにつぎつぎに新しい分野、成長産業に乗り出すことを余儀《よぎ》なくされ、業界横断的なプロジェクトがあたりまえとなり、そこで働く人々も、自分たちの業種に閉じこもっているわけにはいかなくなりました。

自分たちの世界の空気とはまったく異なる空気のなかで生きている他者と、一緒になって生きていかざるをえなくなった。

だから、「空気」が読めなくなったのです。

いまの日本は、地縁や血縁や会社の社縁でつながった古いタイプの組織が瓦解《がかい》して、新

しい組織や新しいルールを自分たちで作っていく社会に変化していく、ちょうど入り口の段階にあるように見えます。

異質なもの、自分とは前提とする考え方や文化的な背景すらもぜんぜん違う相手と交渉して組んでいくことがないと、自分たちの仲間内だけの狭い世界でごちゃごちゃ縮《ちぢ》こまって過ごしているだけになってしまう。

そんな場所からは、他の国や他の社会で生きる人を惹きつけるような魅力はけっして生まれません。

だから私は、若い人にできるだけ自分と「異質な人」と交流すること、そして仲間になることを勧めます。

そのときにも、「交渉の力」が必須となるのです。

「最大の敵」をも仲間にすることで、世の中が大きく動く

交渉のパワーには、どれほどのものがあるのか？

自分の考えとぜんぜん合わない人や、自分よりはるかに強い力を持っている人とも、交渉して合意を結ぶことで、目的を達成することができます。

交渉が世の中を動かした例は数限りなくありますが、日本近代史のなかでもっとも大きな成果を上げた交渉といえば、徳川幕府が300年続けてきたシステムをひっくり返す直接的なきっかけとなった「薩長同盟」が、まさにその代表です。

さきほども「エスタブリッシュメントの支援を得る」話のところで名前を挙げましたね。江戸時代、それぞれの藩は、現在の「国」にあたる存在でした。各藩は一応幕府のことを奉《たてまつ》ってはいましたが、本音のところでは、自分の藩の勢力を強くすることだけに関心がありました。

なかでも薩摩藩と長州藩は、ともに藩政改革に成功し、幕末において地方の有力外様《とざま》大名として威勢《いせい》を誇っていました。

幕末に政府の力が弱まると、長州藩は尊王攘夷《そんのうじょうい》論を掲《かか》げ、京都で政局をリードする存在となり、ついには江戸幕府に対して公然と反旗《はんき》を翻《ひるがえ》すようになります。

それに対して幕府は、薩摩藩の武士を中心とする征伐隊を編制し、送り込みます。両者は文字通り殺し合いをするほどの敵対関係となり、「禁門《きんもん》の変《へん》」と呼ばれる武力衝突事件では何十人もの死者が出ました。幕末の時点で、薩摩と長州は真っ向から対立するライバルであり、敵であり、利害関係が完全に相反《あいはん》するグループだったわけです。

ところが、坂本龍馬らの仲介《ちゅうかい》により、2つの藩がよくよく話し合ってみたところ、「倒幕」という切り口で意見をまとめることができてしまった。

そして、薩摩と長州という2つの強い藩が手を結んだ結果、300年間続いた徳川幕府を倒すことに成功し、新しい日本国家をつくることができたのです。

武力をもって殺し合うほど仲が悪かった薩摩藩と長州藩が、互いの利害を分析した結果、協力して幕府を倒したほうがいいという合意にいたり、同盟を結ぶことになった。

一見すると利害関係が完全に対立する二者でも、よくよくその利害を分析することで、普通であれば考えられないような組み方ができます。

そして、**その二者がそれぞれに大きな力を持っていればいるほど、その合意が生み出すパワーは大きくなります**。

これがまさに、交渉の持つ最大の力なのです。

TAKE YOUR ACTION!

薩長同盟がなされた幕末の時代と、現在の日本の状況は、ある意味でとてもよく似ています。

黒船《くろふね》の襲来《しゅうらい》から始まった日本の開国は、現在の激しくグローバル化を迫られる日本経済の姿と重なって見えます。

それまで300年間続いた徳川政権が弱体化し、天保《てんぽう》の飢饉《ききん》が起きて農村の一揆《いっき》が頻発するようになっていった状況も、いまの民主党政権に代表される政治への失望と、3月11日に起きた東日本大震災と原発事故という未曾有《みぞう》の災害の姿とよく似ています。

この閉塞《へいそく》した日本の現状を変えようと、志《こころざし》ある人々が、NPOや私塾《しじゅく》のようなものを作る動きがかなり活性化しています。

しかし、**それらはまだ個々に、バラバラに動いている状況であり、連携してひとつの大きなムーブメントになるにはいたっていません。**

ジョージ・ソロスという世界最大の投資家は、1980年代の終わりに、東欧革命の渦《か》中《ちゅう》にあった社会主義国家、ハンガリーの民主主義運動を支援していました。

彼自身がハンガリー生まれのユダヤ人であったことから、どうにかして母国の民主化を達成させたいと考え、さまざまな支援活動を行っていたのですが、**そのなかでもっとも効果があったと言われているのが、「コピー機を配ったこと」でした。**

社会主義国家で情報が統制下にあったハンガリーでは、コピー機も政府の管理下にあり、民主化運動のグループが自分たちの意見をチラシやビラで配ることがむずかしかったのです。

そこでソロスは大量のコピー機を私財で購入し、ハンガリーの国中にばらまくことで、情報の流通性を高め、のちに起こる革命を支援しました。

それとまったく同じような気持ちで私は、自分が「軍事顧問」をつとめるこの星海社新書シリーズを通じて、**日本社会にたくさんの「ゲリラ」が生まれることを支援したいと思っています。**

前著の『武器としての決断思考』（星海社新書）では、ディベートの考え方を使って、個人が「いまの最善解」を見つけ出していくための思考法をお伝えしました。

その本によって、自分の頭で考え、決断できる若者《ゲリラ》が大量に生まれたはずだと、私は思っています。

つぎの段階は、この世の中に生まれた数十万人のゲリラ同士が、共通の目的のために手を結び、具体的なアクションを起こしていくことです。

日本中のいろいろな場所でゲリラが組織化され、大人たちや、自分たちと異質な人々とも手を組んでいく。

いまの日本に必要なのは、まさに「21世紀の薩長同盟」的な、昔では考えられなかったような二者が結びつき、大きなパワーを生み出すことなのです。

本書を読んで「交渉という名の武器」を手に入れたみなさんが、仲間と一緒にこれからの日本を変える〝チーム〟を作っていくことを強く期待しています。

それではこのへんでガイダンスを終えて、いよいよ「交渉の授業」を始めていきましょう。

ガイダンスで手に入れた「武器」

★人は自由でいるために、拘束される。

★合意を作り出す手段が「交渉」。
★本気で世の中を動かすつもりなら、「エスタブリッシュメント」の支援を得よ。
★「異質なもの」と結びつくことで、大きな変化が起こせる。
★バラバラに動くな。組織化して、アクションを起こせ！

目次

ガイダンス　なぜ、いま「交渉」について学ぶ必要があるのか？　5

1時間目　大切なのは「ロマン」と「ソロバン」　61

2時間目 自分の立場ではなく、相手の「利害」に焦点を当てる 101

3時間目 「バトナ」は最強の武器 135

6時間目 自分自身の「宿題」をやろう 299

ライティング／大越裕

1時間目　大切なのは「ロマン」と「ソロバン」

私はずっと「交渉」を行ってきた

あらためて自己紹介をしましょう。

私は東京大学の法学部を卒業後、これまでにさまざまな仕事を行ってきました。一見するとなんの脈絡《みゃくらく》もないキャリアのように思われることも多いのですが、私としては一貫して、まったく同じテーマを扱ってきたつもりです。

それは「交渉」です。

私は20年間近く、交渉というものを仕事のメインテーマのひとつにしてきたのです。

まず初めに、大学の法学部で助手として「契約法」を研究しました。

契約法とは、「違う立場の人間同士がどのように合意し、どのように拘束されるか?」という問題を法的な側面から考え、ルール化した「契約に関する法規範」のことです。

その範囲は、民法や商法、労働法など多岐《たき》にわたります。

そういった契約法の研究を通じて、私は法的に問題となった交渉の具体的ケース（たとえば、国際紛争時の石炭価格再交渉など）をいろいろと勉強してきました。

大学の助手を3年で辞めたあとは、戦略コンサルティング会社のマッキンゼー・アンド・カンパニーに就職し、コンサルタントとして、さまざまな企業とビジネスでの折衝《せっしょう》を行ってきました。

まさにビジネスマンとしての交渉の日々です。

そして、マッキンゼーを辞めて独立したあとは、経営メンバーとして、2000億円もの借金があったタクシー会社・日本交通グループの企業再建に取り組み、借入先のメガバンクと、最前線に立って何度も資金繰《ぐ》りの交渉を行いました。

現在は、ふたたび大学に戻って教員として学生に教えながら、将来大きく伸びそうなベンチャー企業に金銭と経営の両面から支援を行う「エンジェル投資家」という仕事もしています。

投資家としてベンチャー企業に投資を検討するときには、当然、経営陣と投資条件についてさまざまな交渉を行います。経営参画《さんかく》するベンチャー企業が大企業と交渉するときにも、先方が言ってくるいろいろな無茶な条件を押し返し、自分たちが有利な状況になるように交渉する必要があります。

以上のように、研究者、コンサルタント、経営者、大学教員、投資家と、多様な仕事を行ってきましたが、常に「交渉」というものをビジネスとしてきたわけです。

交渉の現場では、自分が強い立場にいるときもあれば、すごく弱い立場のときもありました。相手にこちらの提案を飲んでもらう、逆に相手の提案をはねつけて有利な条件をとりつける……等々、ありとあらゆるパターンの交渉をしてきたという自負があります。

本書で交渉について、多少なりとも役立つことをみなさんにお伝えできるだろうと考えているのは、こういった経験があるからです。

生活のあらゆるところに交渉がある

ふだんはあまり意識することはありませんが、人は日常生活のありとあらゆるところで交渉を行っています。

子どものお小遣《こづか》い値上げ交渉から、企業間の商取引、大きいところでいえば国家間の外交まで、世の中で起きていることのほとんどは交渉の結果だと言ってもいいほどです。

たとえば、友達と遊ぶ約束をしたら、「何時にどこに集まるか」を決めるのも、交渉になります。お昼になって友達が「ラーメンを食べたい」と主張し、自分は「パスタが食べたい」と思ったら、そこでも話し合って合意を結ぶ必要があります。

そう、2人以上の人間が集まったら、必ず交渉の必要が出てくるわけです。

みなさんが会社で働き始めたら、朝から晩まで交渉を行うことになるでしょう。

忙しいときに部長から「夕方までにこの書類を仕上げてほしい」と急ぎの仕事を頼まれたら、他の仕事と調整したり、部長にスケジュールを延ばしてもらうよう、交渉する必要が出てきます。

外に出れば、営業先で「もっと安くならないの？」と値下げの交渉をもちかけられることもあるでしょう。そもそもビジネスというものは、自分の会社の外部にいる人や企業と折衝し、交渉して、合意を結ぶことのくり返しです。

納期や金額、製品の品質やデザイン、工場のラインから最終的に製品やサービスが消費者のところに届くまで、ありとあらゆるところで小さな交渉が積み重なって、ひとつの事業が成立するわけです。

だから、**会社で働くこと＝交渉を行うこと、**と言っても過言ではありません。

ビジネスでの交渉が終わり、会社に戻れば、アシスタントにエクセルの入力を手伝ってもらう代わりにランチを奢《おご》らされる交渉が待っているかもしれませんし、家に帰れば、奥さんと家事の役割分担に関する交渉をするかもしれない。

このように人は、ただ働いて生きているだけで、常にまわりの人と交渉を行いながら生活しているということになるわけです。


これから生き残る仕事は「交渉をともなうもの」だけ
さらに言えば、**私は「今後、付加価値を持つビジネスはすべて交渉をともなうものになる」と考えています。**

インターネット通販のアマゾン・ドット・コムや楽天市場は、サービスの開始以来、右肩上がりで業績を伸ばし続けていますが、その取引にあたっては「人間」が介在《かいざい》しません。

送り先やクレジットカード番号などの必要事項をパソコンに打ち込めば、すべての取引が自動的にネット上で決済されます。

特別に問い合わせなどをしないかぎりは、品物を買う人と売り手同士がまったくコミュニケーションをとる必要がなく、つまり「交渉なし」で買い物ができるわけです。

企業にとって、一件一件の商取引にともなう交渉の時間的・人的コストは馬鹿になりません。これまで人がやっていた仕事をコンピュータに置き換えることができれば、それはたいへん大きなコスト削減になります。

アマゾンが大成功しているのは、受注から配送までをほとんど自動化しているからです。

このような仕組みがどんどん発展するにつれて、人間の頭脳や手作業を必要としない工程は、ほぼすべて機械に置き換わっていくことは間違いないと言えるでしょう。

しかし、**いまのところ、どんな高性能のコンピュータでも代替《だいたい》できない仕事があります。それこそが交渉です。**

その理由について説明しましょう。

コンピュータが普及し始めたころは、「計算はたしかに人間よりもずっと速いけれど、将棋《しょうぎ》やチェスのような複雑なゲームで人間に勝てるようになるには、少なくとも100年はかかるだろう」と言われていました。

しかし、この20年ほどのコンピュータの進歩は目覚《めざ》ましく、1997年にはスーパーコンピュータのディープ・ブルーがチェスの世界王者に勝利し、2012年にはついに将棋でも、日本将棋連盟会長で永世棋聖《えいせいきせい》の米長邦雄《よねながくにお》氏をコンピュータソフトの「ボンクラーズ」が打ち負かしたことが大きなニュースとなりました。

そういう報道を目にすると、「いつしか交渉もコンピュータが人間に代わって行うようになるのではないか？」と思われるかもしれません。しかし私は、どれだけコンピュータが進歩しても、交渉ができるようにはならないだろう、と考えています。

なぜならば交渉には、「ロマン」と「ソロバン」という2つの側面があるからです。

ロマンとソロバンを結びつけるのが交渉

ロマン、そしてソロバンとは何か？

ロマンとは、人が抱く夢やビジョン、成し遂げたい未来の目標や野心のことです。

一方のソロバンとは、ロマンを達成するために必要となる手間や労力、時間や金銭のことを指します。

そのなかでとくに重要になってくるのが「お金」です。

そして、**具体的に交渉を行っていくときには、このロマンとソロバンの両方を考えることが不可欠になってくるのです。**

お小遣いの値上げのような小さなものから、外交問題のような大きなものまで、そもそも交渉とはなんのために行うのかといえば、**複数の人間が話し合い、合意を結ぶことで、「現実を動かしていく」ため**です。

哲学の論争や、芸術の評価をめぐる議論などとは違って、あくまでリアルに現実を動かすための話し合い、それが交渉になります。

その最初には、必ず「いまの状況を変えたい！」という誰かの思いがあります。

「小遣いを上げたい」というのもそうですし、歴史に残るような社会変革や世界の人々の暮らしを一変させるようなビジネスも、最初はひとり、もしくは数名の人々の熱い思いからスタートしていることがほとんどです。

坂本龍馬もスティーブ・ジョブズも、自分が思い描く社会やコンピュータの未来というロマンをまわりの人たちに交渉しながら伝えていき、共感する人々を徐々に増やしていくことで、ビジョンを現実のものとしていきました。

つまり、**すべての現実の変革は「初めにロマンありき」で始まるのです**。

と同時に、夢や目標の実現には、ロマンだけでなく、それを実現するための「ソロバン」、つまり、金銭の裏付けや、それにかかる人・モノ・時間といったもののコスト計算が不可欠になります。

「起業して時代を変えたい」「世の中に貢献したい」などと熱く語る若者は少なくありませんが、熱意だけでは社会を動かすことはできません。

複数の人が集まってひとつの目標に進むときには、大きなビジョン（ロマン）と、それを実現させるためのコスト計算（ソロバン）の両方が大切になるわけです。

そして、交渉こそが、そのロマンとソロバンをつなぐ役割を果たしてくれるのです。

コンピュータは、ソロバンを計算することにかけては人間より圧倒的に速く、精確無比《せいかくむひ》な能力を持っています。しかし人間のように、夢や希望や、まだ誰も見たことがないビジョンを描くことはできません。

それは、コンピュータには「主観」というものが原理的にないからです。客観的に物事を計算することはできても、人間のようにゼロからまったく新しいものを生み出すことはできない。それは、無生物であるコンピュータの宿命であると言えます。

さらに言えば、将棋やチェスは明確なルールのもとに行われるゲームです。**ところが交渉とは、前提となるルールそのものを変えていくゲームであるとも言えます。**

将棋にたとえるなら、「その飛車《ひしゃ》を引っ込めてくれたら10万円払おう」と持ちかけたり、「歩《ふ》が横にも進めるようにしよう」などと駒《こま》の進め方自体も相手との合意があれば変えられるのが、交渉なのです。

そのようなゲームに勝つためには、既存の常識や枠から飛び出して、無から有を生み出すような、ある種のひらめきが必要となります。

ロマンを達成するために、自分と相手の利害関係やもろもろのコストを分析・計算し、ロジックを駆使《くし》して、互いに納得のいく合意を作り出し、ときにはまったく違う切り口からクリエイティブな解決法を導き出して、新しい価値を生み出す。

そのような「交渉」を行うことのできるコンピュータは、いまの原理のままではどれほど進歩したところで、発明される見込みはほとんどないと考えられます（もしも発明されたら、それは人間が新たな「生命」を作り出したと言えるでしょう）。

さきほどもアマゾンの事例で述べたように、グローバル化する企業は、あらゆるビジネスコストをできるだけ削減することで利益を最大化しようとします。人件費ももちろん例外ではありません。**これからますます「誰にでもできる仕事」の価値は下落し、どんどんコンピュータに取って代わられることになるでしょう。**

しかし、くり返しになりますが、交渉は人間だけにしかできない仕事です。

つまりこれからの世界では、ロマンとソロバンを結びつける交渉こそが、人間がなすべきもっとも付加価値の高い仕事になるのです。

京大生が、がんばって集めた5万円

「初めにロマンありき」

「ソロバンなくしてロマンの実現なし」

これは、大きな仕事を成し遂げたいと思うならば、常に念頭に置いておくべき事柄《ことがら》です。

世の中には「良いことを言っているのにあまり世の中に影響を与えていない」「理念は立派だけれど、やっていることは大したことがない」という会社組織やNPO（非営利団体）がたくさんあります。

そういうダメ会社やダメNPOのほとんどは、このロマンとソロバンが両立していません。

数年前の話ですが、ある社会貢献を旗印《はたじるし》とするNPOが、京都大学に支部を作ったことがありました。そして、そのNPOには「世の中のためになることがしたい」と考える京

大の学生が十数人、スタッフとして集まりました。

彼らは授業の合間に何度も会合を開き、寄付金を募《つの》るプロジェクトの計画を練《ね》り、数カ月かけていろいろなイベントを仕掛けたり、さまざまな場で寄付を呼びかけました。

ところが、**その結果集まった金額は、たったの5万円に過ぎなかったのです。**

優秀な京大の学生が十数名集まって、数カ月かけて苦労して集めたお金が5万円。彼らは皆、心の中で「半日アルバイトをしてお金を持ち寄れば、これ以上の金額が集まったのではないだろうか」と思いましたが、誰もそれを口に出して言うことはできませんでした……。

笑い話に聞こえるかもしれませんが、**こういうやる気だけが空回りしているNPOや、「自分たちがやってることは新しい！」と思い込んで突っ走ってみたけれど、やってみた結果は赤字が残っただけでまったくなんの意味もなかった、という企業の新規事業プロジェクトなどは枚挙《まいきょ》にいとまがありません。**

とくにNPOにありがちですが、ロマンだけが先行して、「みんなで世の中を変えよう！」と最初のうちはすごく意識高く活動を行っても、やがて資金に行き詰まり、メンバーの「やる気搾取《さくしゅ》状態」となって、いつの間にか形骸化《けいがいか》していく団体がよくあります。

逆に、ソロバンだけを重視するベンチャーが、短期的な利益だけを追いかけて、目先の制作仕事をこなすことに忙殺《ぼうさつ》され、「いったい自分たちはなんのために起業したのか」と目的を見失う、というのもよく聞く話です。

とくにベンチャーの場合、大企業よりもリスクを取れることが強みのはずなのに、「ソロバンが合わないからやめよう」と新たなことに取り組もうとしなくなる。そうなると、将来の中小ブラック企業への道まっしぐらです。

つまり、世の中を大きく変えたいと思うならば、きちんとソロバンの計算をしながら、大きなロマンをずっと持ち続ける、その両方が必要となるわけです。

私がこの本を書く目的は、本書の読者のなかから、実際に行動を起こして、現実の世の中を良い方向に動かしていってくれる若い人間がひとりでも現れることです。

社会を動かすためには、常にロマンとソロバンを両立させておかねばならない——そのことを、くれぐれも忘れないようにしてください。

なぜお金を儲《もう》けることが大事なのか？

私は京都大学の教養課程で教えて5年になりますが、毎期、最初の授業では「お金を儲けることがいかに大事か」という話をあえてしています。

大学に入ったばかりの学生は基本的に、あまりお金を重要だと思っていません。

それまで実家で暮らしてきて、お金に関して不自由するという経験をしていないこともあるでしょうし、これまでの日本では、家庭や小中高校などであまりお金についての教育をしてこなかったことも、学生がお金を重視しない理由のひとつだと思われます。

そもそも学校の先生はビジネスの経験がない人がほとんどですので、教えようにも教えられない、というのが現実でしょう。

しかし、私たちの生活に必要な物資は、そのほとんどを企業が生産し提供しているので、お金と無縁で生活できる人はいません。

そして、「お金を儲けること」は、すべての営利企業にとって非常に重要な目的です。企業の存在理由は社会に対してモノやサービスなど、なんらかの「価値」を提供することで、その事業を継続するためには、儲けを出すことが絶対に必要となるのです。

持ち出し、あるいはほとんど利益が出ないような事業では、新たな投資ができません。

それでは時代の変化に業態がついていけず、いずれ必ず縮小していき、ある時点で事業継続が不可能となります。

だから、**企業にとって、事業を通じて社会貢献と利潤《りじゅん》を追求することは、必ず両立させなければならない目標となるわけです。**

しかし、学生の多くにはそのような意識がありません。「お金儲けを目標にするなんてくだらない。利益とか考えるのはしんどそうだし、給料も普通に暮らせるぐらいの報酬《ほうしゅう》が得られればいい」と思っている人がたくさんいます。

学生と話をしていると、最近はとくにそういう傾向が強まっているようにも思えます。

しかし、お金はとても大切です。

「利益」や「給料・報酬」のことを考えるのは、仕事や生活をしていくうえで必要不可欠な行為であるべきです。

なぜなら、お金はけっして万能のツールではありませんが、**資本主義社会で生きるうえでは、それが十分にあるかないかによって、「自由の範囲」がかなり変わってきてしまうからです。**

まず個人の視点で言うと、「恒産《こうさん》なければ恒心《こうしん》なし」と孟子《もうし》の言葉にもありますが、経済的な安定がなければ精神的にも安心することができません。

なぜ古代ギリシャやローマの自由人やヨーロッパの貴族が自由でいられたかといえば、彼らには収入源があり、自分たちに代わって奴隷が働いてくれたからです。

生きていくための不安がなかったから、「公共とはどうあるべきか」「正義を社会でどう実現すべきか」といった公《おおやけ》に関することについて考えることができた。

もしも彼らに収入がなくて、毎日食べるのがやっとの生活をしていたら、到底そんなことを考える時間も余裕もなかったことでしょう。

これは現代でも同じで、**お金がない社員は、上司の無茶な要求にも「NO」が言えなくなります。**

安月給でワンマン経営者にこき使われていたとしても、貯《たくわ》えがなくて転職できる見込みがなければ、そこで働き続けるしかありません。何を言われても「はい、喜んで」と返事をするしかなくなってしまう。

お金がないと、まずは生きるために目先のことしか考えられなくなってしまうのは、今も昔も変わらないのです。

これでは、いつまで経っても理想の働き方や生き方を追求することはできないでしょう。

一生、ブラック企業のなかで不平不満を言いながら、ストレスフルな人生を送ることになります。

学生時代にバイトはするな⁉

また、あたりまえのことですが、お金があればあるほど人生の選択肢は広がります。自分でビジネスを始めるにも、学校に通って新たな知識や技能を身につけるうえでも、必ずお金が必要となります。

やりたいことがあるのにお金がないので諦《あきら》めるしかない、ということは少なくありません。「これをやりたい」と感じたときに、それをやる自由を手に入れるためにも、十分なお金を得ることが大切なのです。

一方で、お金はあるけど時間がないから諦めるしかない、という現象も、社会人になるとよく起こります。

お金と時間はトレードオフ（一方を追求すれば他方は犠牲《ぎせい》にせざるをえない関係）になりがちですが、そう考えると、時間が有り余っている学生時代に、その貴重な時間をアルバイトに費やすのは問題だと言えるでしょう。

お金がないから時間を売っているわけですが、**じつはその時間は対価として払われるバ**

イト代よりも、はるかに価値があるものだからです。

社会人になってから英語を勉強しようと思って、バカ高い授業料を払って英会話教室に通う人がたくさんいますが、学生時代に英語を勉強しておけば、当然、勉強する時間はあるし、同じ英会話学校であっても平日の昼間のほうが格段に安いので、お金もかからないでしょう。

社会人になってお金ができたから「よし、俺も英語を勉強するぞ！」というのは、ものすごく不利な条件でゲームに参加するようなものであって、まったくオススメできません。借金をしてでも、学生時代に通っておいたほうがいいのです。

そういった意味では、**貴重な学生時代に、飲食店などで時給800円の単純な接客バイトに時間を費やすのは、もったいなさすぎます。**特別なスキルが身につくわけではないし、時間を安売りするだけだからです。

お金は大切だという話をしていますが、学生のみなさんには、時間もお金と等価であることを認識したうえで、学生時代を有効に使っていただきたいと思います。

くれぐれも「みんながやっているから」という理由だけで、無思考に行動しないことです。

儲けている企業に「価値」がある

つぎに、組織の視点からお金の大切さについて見てみましょう。

まず、**お金がまったくなければ、企業活動に絶対に必要な「人・モノ・情報」というリソースを集めることができません。**

大きな活動をしようとしたり、世の中を変えようと思って、仲間を集めたいと考えたとします。社会的な意義が大きければ、目的に賛同してボランティアで来てくれる人もいるでしょう。しかし、やはり無償《むしょう》で集まった人には責任が発生しませんので、あくまで「お手伝い」に留《とど》まってしまいます。

自分と目的を同じくする人たちを集めて、組織を作っていくのであれば、必ず働いてくれた分に対する報酬を支払わねばなりません。

また、組織を作ったら、場所を借りたり、机やパソコンなどの備品《びひん》をそろえるのにもお金がかかります。

基本的に資本主義社会では、より安いコストでみんなが欲しがるものを作れた人のところにお金が集まる仕組みになっています。その逆に、無駄な原料を大量に使っていたり、人材を適切に使えていない企業には、お金が集まりませんから、やがて淘汰《とうた》されていきます。

ということは、自然に資本主義社会では、儲けている企業にお金というご褒美《ほうび》（インセンティブ）を与えることで、社会資源の有効配分を行い、不要な企業には市場から出て行ってもらっているわけです。

国や自治体が行う公共事業の多くは赤字です。大きなハコモノを作ったのに、ほとんど誰も市民が使っていない、ということもよくあります。

それは、公共事業が資本市場にさらされていないため、作る側に「このハコモノで儲けなければならない」というモチベーションが生まれないためです。

市民に「無料なら使うけれど、お金を払うほどではない」と見なす程度の魅力しか感じてもらえていない。公共事業だから潰れませんが、資本市場にさらされている民間の遊園地などは、ユーザーにそっぽを向かれて誰も来なくなったとしたら、存続することができません。

だから、「儲けている企業」というのは、少ないコストで多くの人が「お金を払ってもいい」と思うものを作ったことになるわけで、社会全体の「価値」を増やしているのです。

つまり「お金儲け」というのは、資本主義社会において、自分たちのやっている事業が人々に支持されているかどうかの大きな指標となるわけです。

スタンフォード大学がなければ、シリコンバレーは生まれなかった

さらに、自分にとって当面必要となる以上のお金を持つことができれば、**そのお金を使って他の人の活動を支援することができます。**

世界最大の慈善《じぜん》活動家はマイクロソフトを創業したビル・ゲイツですが、それも彼が莫《ばく》大《だい》な財産を保有しているからできることです。

アメリカでは、事業に成功して大金を得た人は、そのお金を社会に還元《かんげん》することが文化となっています。そしてそれは、とても価値ある行為として、世間の人々に認められています。

たとえば、数々の起業家を生み出し続けるスタンフォード大学は、アメリカの鉄道王、リーランド・スタンフォードの出資によって設立された学校でした。

スタンフォード大学ができたことによって、シリコンバレーが生まれ、そこからはグーグルやアップルなど世界を変える企業が続々と出てきています。

リーランド・スタンフォードの他にもアメリカには鉄道王が何人かいましたが、後世にその業績と名前を残しているのは彼だけです。

リーランドが私財を投じてスタンフォード大学を作ったことが、ずっと後世に続く価値を生み出し続けている。それも彼に、大学を設置できるだけの莫大なお金があったからできたことです。

ガイダンスで述べたように、私も若者を支援する目的でこの本を執筆していますが、それができるのも、自分にとって当面必要となる以上のお金を持つことができているからです。

もしもお金にまったく余裕がなく、多額の印税を得ることが目的で本を書くのであれば、読者人口が多く、お金も持っている団塊《だんかい》の世代に向けて、「老い」の本でも書いていることでしょう。

このように、社会貢献や他人を支援するためには、絶対にお金が必要になってくるのです。

ちなみにスタンフォード夫妻は最初、ハーバード大学に寄付をしようとしたそうですが、大学側が人の良さそうな老夫婦の正体に気づかず、「帰って帰って」と追い返してしまったために、「それならば仕方ないから、自分たちで作ろうか」と思ってスタンフォード大学を設立したそうです。

NPOだろうと「お金を集める能力」は必要

自由に生きたり、社会を動かしたり、他人を支援するためにはお金が必要になる。だから、やりたいことがある人は、お金を集める能力を高めることが重要になる。**そのお金を集める能力とも密接に関連するのが、交渉の力です。**

お金は金額が大きくなればなるほど、それによって実現できることも大きくなります。たとえば、アフリカの水不足に悩んでいる地域のために、先進国の人が1万円ずつ、100人寄付したとしても、それがバラバラに使われるとしたら、水汲《く》みの人件費ぐらいで消えてしまうでしょう。

しかし、そのお金をもろもろの交渉によって一カ所に集めて、たとえば100万円にすることができたら、それで井戸を掘ることができます。

さらに多く、1000万円のお金を集められたら、川からモーターとパイプで水を引いて、新しい農地を開発できるかもしれません。

お金が集まれば集まるほど、社会に新しい大きな価値をもたらすことができる可能性が高まります。だからこそ、人間社会ではお金を集めることが大切になるのです。

お金を集める能力は、ビジネスマンだけでなく、大学の研究者にも必須の時代となりつつあります。

国からもらえる大学の補助金は年々減らされ続けています。アメリカの大学でも、優秀と評価される研究者は、企業との共同研究をたくさん行うことで研究費をバックアップしてもらったり、補助金を集めるノウハウを持っている人です。

あるいは、自分の研究している分野の成果を商品化し、そのライセンス使用料を大学に還元できるような人になります。

「あまり興味を持つ人はおりませんし、研究成果をどう活かすのかもわからないけれど、この研究には意味があるんです」といくら主張しても、その研究にお金を出そうという人は現れません。

大学の先生も、自己満足で研究していればいい、という時代ではなくなっているのです。

こういう話は工学や医学など、理系の研究の話だと思われる人もいるでしょうが、文系でも状況は同じです。

文学部で行っているような研究にはお金が集まらない、と思われがちですが、仕事ができる大学の先生は、文学部が扱うテーマをもっと社会が求めるかたちで、お客さんのニーズに合わせて提供するようになってきています。

たとえば、あるアラブ文化の研究者は博物館に寄付を集めるのが重要な仕事です。アラブの国の多くはビジネスでも政府の力が強く、役人や政府機関に勤める現地の人にパイプがあるかどうかが重要になってきます。

そこで彼は、アラブに関心がある企業や財界人とのコネクションを作り、「この研究に寄付してくれたら、○○国の大使に会うことができますよ」といった交渉によって寄付を持ちかけ、彼らから大口の寄付金を集めて、研究活動に役立てているのです。

単に自分がアラブ文化が好きだからといった理由だけで研究しているのではなくて、その研究が社会のどんなニーズの役に立つのか見据《みす》えて活動をしているわけです。

歴史や文学といった、一見すぐにはお金と結びつかない分野の研究であっても、その継続には必ずお金がかかります。ですから、そこで働く人にとっても「お金を集める能力」というのは必須なのです。

それは、利益を組織としては追求しない非営利団体でも同じです。

世界でもっとも評価されているNPOのひとつに、ルーム・トゥ・リードという組織があります。同団体は、マイクロソフトのアジア地区のマーケティング・ディレクターをつとめていたジョン・ウッドという人物が、世界の貧困国の子どもに教育支援を行う目的で設立しました。

彼は、世界中の企業や国から巨額の献金を集め、そのお金をもとに、つぎつぎと発展途上国に教育支援を行っています。

そのジョン・ウッドが何よりすごいのは、彼の寄付金を集める能力なのです。

ウッドはその寄付金をもとに、2000年のルーム・トゥ・リードの設立から2011年12月までに、世界で1450校の学校を作り、1万2000以上の図書館・図書室を設置しました。

日本のNPOの多くは「自分たちは良いことをしているのだから、お金を寄付してもらうのは当然だ」、あるいは「非営利組織だからお金がないのは仕方がない」という意識があるように思えます。

もしも彼らが、ジョン・ウッドのような考え方を持てれば、もっと大きな活動ができるはずです。

自分たちの都合ではなく、「相手のメリット」を考える

直接的に人からお金を集めて、それを社会的な弱者の支援に使う活動が「寄付」ですが、寄付を集める能力は、ビジネスでお金を集める能力と基本的に同じです。

私も以前、コンサルタントをしていたときに、営業力を身につけさせる研修の一環で、ある企業の社員に街頭募金活動をしてもらったことがありました。

それは「**自分とまったく関係がない人に、お願いをして募金をしてもらう。営業としてこれほど高いハードルはない**」と考えたからです。

ちょうどその頃、アフガニスタンの子どもたちを支援する活動をユニセフが始めていたので、私たちもそのキャンペーンに協力することにしました。

アフガニスタンは当時、戦争が終わったばかりで社会インフラが荒廃《こうはい》しており、子どもたちの多くがその冬を乗りきれずに命を失うことが懸念《けねん》されていたのです。

私たちは、どうすれば見ず知らずの人に「アフガニスタンの子どもたちのために募金してもいいかな」と思ってもらえるか、みんなで考えました。

討議した結果、出てきたのが「小銭で救える命がある」というコピーです。

「○○円で小児用《しょうに》ワクチンが1本」「○○円で子どもひとりの1カ月分の食事」といったように、どれだけのお金を募金することで、どんな良いことが途上国の子どもたちにもたらされるのか、それを具体的な金額として明示したのです。

その結果、私たちの募金隊は、かなりのお金を短期間で集めることができました。

ポケットにある小銭を募金するだけで、子どもの命を救うことができる。世の中を変えることができる。その「効果」をいかに実感してもらうかが、重要でした。

この事例のように、**「いくらで何ができるのか」と値段を示すことは、大きな効果があります。**

世界の自然保護を目的とする団体、WWFが行った動物保護のキャンペーンでは、マッキンゼーがその戦略を練り、大きな成果を挙げました。

そのキャンペーンでは「パンダ＝○○円」「スマトラのトラ＝○○円」といったように、絶滅が危惧《きぐ》される動物の命がいくらで救えるのかをはっきり示したのです。

人は漠然としたものにはお金を払いません。一方で、**具体的に「メリット」が実感できる提案には、お金を払ってくれます。**

これはどんな分野でも共通する鉄則だと言えます。

いくら「AB型の血液が足りません」と献血を募っても、「若者よ、選挙に行こう」と政治参加を呼びかけても、メリットが感じられなければ人は動きません。

どんなに素晴らしい夢や希望を語ったところで、相手に対して具体的なメリットを提示できなければ、人を動かすことはむずかしい――少しドライに聞こえるかもしれませんが、そのことをよく覚えておいてほしいと思います。

How can you make money?

私は大学で教えることの他に、投資家という仕事もしています。

そのため、私のところには、若い起業家の方から「出資を検討してほしい」という依頼が来ることが少なくありません。

そのときにどんなオファーだったら「出資してみよう」と考えるかといえば、話は簡単です。**そのベンチャーが世に送り出そうとしている商品やサービスが、いつか多くの人に必要とされる日が来るか（長期的なロマン）**。**また、事業がスタートしてから、きちんとビジネスとして回っていくか（短期的なソロバン）**。

この2点の視点になります。

お金を直接扱う投資の世界では「具体的なメリット」、つまり金銭のリターンがどれぐらい得られるかで、投資家は投資すべきか否かを判断します。

その際に重要なのが、「どれぐらいの時間でリターンが見込めるか」ということです。投資をしてもそのリターンが1年後なのか、3年後なのかによって、話はまったく変わってきます。

お金を払う側である投資家は、常に「投資対効果」を求めます。だから、起業家がいくら「自分たちのやろうとしていることには意義があるんです」とロマンを言い募っても、ソロバンが合わなければけっしてお金を投じることはありません。

ロマンは長期的で抽象的でもかまいません。むしろ大きすぎるぐらいのほうが魅力的かもしれない。しかし、ソロバンはできるだけ具体的で、短期的に結果がわかることが望ましいわけです。

グーグルという企業でいえば、「世の中のすべての情報を体系化し、誰もが検索できるようにする」という壮大なロマンが最初からありました。

その実現に向けて着々とサービスを開発する一方で、「アドワーズ」というキーワード検索に連動してスポンサーの広告が表示されるシステムを開発し、巨大な広告収入を得られる「ソロバン」も確立していったのです。

英語圏の投資家は、この企業が持たねばならないロマンとソロバンについて、ベンチャー経営者に以下のように端的に質問します。

「How can you change the world?（どうやって世界を変えるの？）」

「How can you make money?（どうやって儲けるの？）」

その2つの問いに対して明確な答えがない企業に投資しても、ろくなことにはなりません。

日本では2000年頃に「ネットバブル」と呼ばれる時代がありました。投資家のところにも怪しげなＩＴ起業家たちが多数押し寄せ、さまざまなプレゼンを行いましたが、**「で、どうやって儲けるの？」と質問したときに、ちゃんと答えられる経営者はほとんどいませんでした。**

当時「ビットバレー」などと呼ばれて話題となっていたＩＴ起業家のなかで、10年後の今なおきちんと事業を継続している人は、数えるほどしかいません。

「うちのサービスはこんなにすごいんです」

「これからやろうとしていることは面白いから、ニーズがあるはずです」

こんなことは誰にでも言えることです。

本当にお金を集めたいのであれば、ロマンだけではダメです。その商品なりサービスを誰が買って、いくら儲かるか、ということもちゃんと説明できなければなりません。

「面白いことをやっていれば、お金はあとからついてくる」というセリフをよく聞きますが、そう考える人は、自分自身のロマンばかりに目がいって、他人のソロバンを軽視しています。

消費者や投資家に、お金を払ったり投資したりするほどのメリットがあるのか？

たしかにビジネスには「お金があとからついてくる」ようなケースも多々ありますが、それはあくまで結果論であって、投資家の視点から見ると「相手が儲からない商売は成り立たない」というのが原則になります。

私がマッキンゼーにいたころ、上司からよく「客をまず儲けさせろ」と言われたものです。客というのはクライアント企業のことであり、その会社の商品やサービスを使用する消費者のことです。

さきほどの寄付の例と同じように、彼らに対して「具体的なメリット」を提供することができれば、お金を払ってもらえます。

けっして順番を間違えてはいけません。

「（自分たちが）面白いことをやっていれば、お金はあとからついてくる」

のではなく、

「客が儲かれば、お金はあとからついてくる」

と考えるべきなのです。

このことをマッキンゼーでは、

「Client interest first, money follows」

と言います。

ブラック企業で働く人のほうが「満足度が高い」？

私が1時間目であえて「お金」についての話をするのは、**若い人はロマンが先行して、ソロバンを後回しにしがちだからです。**

「面白いこと、価値のあること、自分が満足することさえしていればいい」

そう考える人がいかに多いことか。

そうではなく、**むしろ若いうちは、ロマンよりもソロバンを優先させたほうがいい。**私は学生に対して、いつもそう言っています。

なぜかといえば、**ロマンには「夢」というバイアスがかかりやすいからです。**「お金にはならなくても、自分たちの夢の実現のためにがんばる」という姿勢はある意味美しくはありますが、けっして長続きはしません。

とくに、ロマンだけの仕事というのは、それに取り組む人に、心理学的に「認知的不協和」と呼ばれる状況をもたらしやすくなります。

ある心理学者が、2つのグループに社会奉仕活動をしてもらい、片方には報酬を払い、片方には無報酬で働いてもらうという実験を行いました。そして作業の終了後、「この活動には社会的な意味があったと思うか？」という質問をすると、**如実《にょじつ》に無報酬で仕事にあたったグループのほうが「意味があった」と考えていることがわかったのです。**

人は報酬が与えられない仕事を命令されてやっていることに耐えられない。そのため、自分で「これには意味があった」と思い込むことで、精神的にバランスをとろうとするわけです。

これが「認知的不協和の解消」と呼ばれる心理現象です。

世の中には「社会的に意義がある」などと言って、ボランティアで他人を使おうとする人々が少なくありません。

しかし、ロマンしかないプロジェクトというのは、本当にそれが善意で行われているのならまだしも、悪い大人が若い人を騙してタダ働きさせようとしているケースも多々あるのが現実なので、気をつけなければなりません。

「ブラック企業」と言われるような会社がありますが、面白いことに、そういう企業に勤めている人のほうが、まっとうな労働環境で働く人よりも「仕事に対する満足度」が高かったりします。

これも、典型的な「認知的不協和の解消」でしょう。

本当はしんどいのに、心理的にそれを認めたくないから（認めてしまうと本当にしんどくなってしまうので）、「自分がやっていることには意味があるんだ」と思い込むことで、なんとかやりすごそうとするのです。

「若者よ、夢を持とう！」的なことを経営者が言って若い人を集めて、安い給料で使っているケースがよく見られますが、誰かが大きなロマンをぶち上げるときには、その裏で冷徹なソロバンの計算があるかもしれない。

そのことを、ちゃんと見極めなければなりません。

夢や理念にこだわりすぎるな

そして、一度、認知的不協和が生じてしまうと、明らかに誤った方向に進んでいたとしても、それを修正しようという考え、そして行動が生まれてこないことも、大きな問題です。

苦しい状況に陥っているのに、「自分がやっていることは間違っていないんだ」と思い込み、他に都合の良い考えをでっちあげてしまう。

典型的なのが喫煙者の例です。

「タバコを吸うと肺がんの危険性が高まる」という事実に対して、喫煙者は心理的にストレスを感じます。そして、本来であればタバコをやめるのがいちばんの手なのですが、行動を変えるのではなく、認知（認識）を変えることで、喫煙者はなんとか心のバランスを取ろうとします。

つまり、

「タバコを吸っていても、長寿の人はいくらでもいる」

「交通事故で死ぬ危険性のほうが高い」

などと、認識に修正を加えることで、不協和を解消しようとしてしまうのです。

本当は自分に責任があるのに、「あいつのせいだ」「部下が使えない」「会社がダメ」「社会も悪い」と言って、自分を正当化するのも同じような現象でしょう。

ただし、いくら認知的不協和を心理的に解消したところで、本来の問題が解決するわけではありません。むしろ、行動を修正する方向に働かないので、状況はどんどん悪化していく可能性が高い。

ロマンしかない行動が長続きしない原因がここにあります。

夢や理念といったものが、問題の本質から目を逸《そ》らさせてしまうことがよくあるのです。

さきほど「数カ月かけて5万円しか寄付金を集められなかった京大生」の話をしましたが、彼らも本当は途中で別のやり方に変えたほうがよかったたし、じつはみんな心の底ではそう思っていたのかもしれません。

でも、「募金で寄付金を募る」という「正しい理念（ロマン）」が、「より多額のお金を集める」という本来の目的を達成することを阻害《そがい》してしまった面も確実にあるのです。

そういったバイアスにも、注意しなければいけません。

変化が激しく、これまでのやり方が通用しないこの「カオスの時代」に、何かを「変えたい！」と思う若い人は多いはずです。

そう思ったら、つぎは、ではそれを実現するためにはいくら必要なのか、そのお金を集めるためにはどうすればいいのか、そして、その「変えたこと」によって他の人にどんな具体的メリットがあるのか、といったことをきちんと考えるようにしてください。

ロマンとソロバンの両方が大切。

具体的な交渉スキルの話に入る前に、どうしてもそれだけは言っておきたいと思います。

1時間目で手に入れた「武器」

★常に「ロマン」と「ソロバン」の両方を考えよう。

★金儲けはかなり大事!

★人を動かすためには、相手に「具体的なメリット」を提示する。

★若いうちはロマンよりソロバンを優先させろ。

2時間目

自分の立場ではなく、相手の「利害」に焦点を当てる

交渉はコミュニケーションのひとつ

さて、ここからはいよいよ、具体的な交渉の授業に入っていきましょう。

交渉というものについて最低限おさえておくべきポイントを、順番に解説していきたいと思います。

一般的に交渉というと、何かしらの損得をめぐって、他の人に自分の意見を飲んでもらうことをイメージするかと思います。

書店に並ぶ「交渉術」をテーマとした本をパラパラと読んでみても、「絶対に負けない交渉テクニック」や「相手にYESと言わせる交渉スキル」といった、交渉を「勝つか負けるか」だけの観点で考えているものが多いようです。

また、「相手に対して真正面に座ると対決的な意思表示ができる」「机の上の書類を、机の真ん中より相手側に置いたほうがこちらの意見が通しやすい」などといった、交渉の心

理的テクニックについて記述したものも見られます。

しかしそれらは、交渉というもののごく一部の側面でしかありません。

2人以上の人間が、お互いの意思を表明し合ってやり取りすることを「コミュニケーション」と呼びます。そしてコミュニケーションには、情報を発信する人と、それを受け取る人が必ず存在します。

交渉はそのコミュニケーションのなかの一種ですが、より明確に定義するために、逆に「交渉ではないコミュニケーション」について考えてみましょう。

まず最初に挙げられるのが、「指令」です。

指令というのは、上位者が下位者に対して行動を命じることを指します。命じられた側は、相手の言ったことに対して従う以外の選択肢がありません。つまり、自分の自由には「意思決定」ができないということです。

ガイダンスで述べた「王様と家来モデル」がこれにあたりますね。

絶対君主制の国や、社長の言うことには誰もNOを言えない超絶ブラック企業などは、この指令というコミュニケーションで基本的に運営されています。

意思決定権は誰にあるか？

つぎにディベートがあります。

ディベートというのは、ガイダンスでも少し触れたように、ある論件について立場の異なる二者が討議し、その結果については「第三者が決める」という行為になります。

決定権は自分でも相手でもなく、第三者にあるのです。

具体的には、検察官と弁護士がそれぞれ反対の立場で意見を戦わせ、最終的には裁判官が判決を決める刑事裁判などが、その典型と言えるでしょう。

ビジネスの会議でも、部下同士が営業施《し》策《さく》について議論して、最終的には上司が方針を決めるという、ディベート的プロセスをとることがあります。

前著の『武器としての決断思考』では、このディベートの思考法を自分ひとりの頭のなかで行うことによって意思決定する（決断する）方法について、解説しました。

意思決定というのは、自己とのコミュニケーションと言えるのかもしれません。そして、そのときの決定権は当然、自分にあります。

この思考法を使えば、たとえば「大学在学中に2年間、留学するべきか、否か」という悩みがあったときに、「留学する」「留学しない」、それぞれのメリットとデメリットを比較して、「その時点の自分にとっての最善解」を導き出し、意思決定することができます。それが、決断思考です。

しかし、決断思考には限界があります。

なぜなら、いくら自分で意思決定しても、多くの場合、その実現のためには「他者の同意」が必ず必要になってくるからです。いまの例でいえば、「よし、留学するぞ！」とひとり決断しても、その実行のためには、たとえば留学費用を親に出してもらわなければならなくなるでしょう。

そこで必要になるのが、「交渉」というコミュニケーションです。

親に対して、自分が留学することの意義と将来どれだけ役立つかというメリットをちゃんと説明し、留学費用と「就職が2年遅れる」というデメリットと比べても、結果的にプラスとなるという「合意」が得られれば、金銭的支援を受けられる可能性が出てきます。

つまり交渉では、**「意思決定する人間が相手と自分の2人いる」こと、そして「その両者が下す判断が同じ結論にならなければいけない」ところが、「指令」とも「ディベート」ともまったく異なる点となるわけです。**

意思決定権を持った相手の存在

定義すると、**交渉とは「立場が異なり自由に意思決定できる二者が合意を目指してやり取りするコミュニケーション」となります。**

意思決定権は自分だけではなく、相手にもあるのです。

そこが、交渉が一筋縄《ひとすじなわ》ではいかず、むずかしくなる原因でしょう。

指令のときは、相手の立場や思っていることなんて考える必要はありません。ただ命じればよかった。相手に決定権はないからです。

それは意思決定のときも同じで、どうするかは自分ひとりで決めればいい。

もちろん、だからこそ意思決定の結果は自分の責任で受け止めなければならず、その点は自己責任でシビアです。しかし、意思決定権を持った相手がいないので、そういう意味では気楽でしょう。

交渉には、意思決定権を持った相手が存在する——まずは交渉の最大の特徴について、しっかりおさえておきましょう。

合理的な相手、非合理的な相手

交渉は、これまでにいろいろな人がさまざまな角度から研究してきており、多種多様な交渉モデルが発明されています。

しかし実際には、リアルな社会での交渉は複雑な要素が絡《から》み合い、学者が頭のなかで考えたひとつのモデルで説明できるようなものではないことがほとんどです。

それでも、いくつかの主要なアプローチの仕方を知っていれば、「このケースにはこのやり方を応用してみよう」という視点が得られます。

そこで本書では、**「すごく合理的に物事を判断する人を相手とする交渉」**と、**「まったく合理的でない人を相手とする交渉」の2つに分けて考えていきたいと思います。**

なぜ相手を分けて考える必要があるかというと、交渉では意思決定権を持つ相手と自分とが合意することが必要不可欠なので、**相手がどういう考え方をするか知らないと、そもそも交渉が成り立たないからです。**

相手が自分とはまったく違う結論に達することもよくあります。その際に大切なのは、「相手がなぜそのような結論に達したのか」ということをよく理解することです。

そうすることで、相手の思考・判断の枠組みのなかで、どういうふうに交渉すれば合意を得られるか、について考えることができるようになります。

相手がどんな思考パターンを持っているのかを知らなければ、暗闇に向かって矢を射《い》るのと同じで、どこを狙えばいいのか皆目《かいもく》わかりません。合意を結べる可能性は、きわめて低くなってしまうでしょう。

だからこそ、複数のアプローチを学ぶことが必要なのです。

交渉のベースとなる基礎理論は、経済学のオーソドックスな考え方に影響を受けており、「自己の利益を最大化しようとする合理的な個人」同士の交渉を考えています。

この合理的な個人のことを「ホモ・エコノミクス」と言います。

簡単に言えば「少しでもお金を儲けたい」「自分が得することがいちばん大切」と考え

て、その通りに行動する人たちのことです。

実社会でそんな人がいたらすごく嫌われますが、人間にはそのような自己利益を追求する面があることは間違いありませんし、経済問題を考えるうえでは、そういう主体をモデルにするのが便利なので、古典的経済学ではこのホモ・エコノミクスの行動を前提とするのが基本です。

それゆえに、合理的な交渉理論では、「パレート最適《さいてき》」や「ゲーム理論」といったものを使い、お互いの要望が最大化する「均衡点《きんこう》」があると考え、グラフを描くなどしてそのポイントを探すという方法をとることになります。

専門用語が出てきたので少しむずかしく聞こえるかもしれませんが、**要はコンピュータのように、計算どおりに動く人々を想定しているわけです**（今回の授業では専門的になりすぎるので「パレート最適」や「ゲーム理論」については扱いませんので、ご安心ください）。

しかし、現実の世界の人間は、ロボットみたいに正確にものごとを考えることもできなければ、きわめて感情的で、非合理的にふるまうこともよくある存在です。

世の中には非合理な人々もたくさんいて、そんな人たちとも交渉をしなければなりません。

自分自身を振り返ってみても、合理的な部分もあれば、非合理的な部分もあります。論理的にじっくり考えてきたのに、最後は目をつぶって崖《がけ》から飛び降りるかのような、あとから思い出してみても「なんであんなことをしたんだろう……」と不思議に思う行動をとったりもします。

どんな人も、合理的な部分と非合理的な部分を併《あわ》せ持っているのです。

なので、すべてを合理的に考えて計算ずくで動く人間（ホモ・エコノミクス）を想定した交渉理論だけでは、現実の問題に対処するのはむずかしい。そこで近年、心理学や社会学、行動経済学などの研究成果の影響を受けた、交渉の応用理論が生み出されてきました。

さきほども述べたように、人間は利己的にふるまうこともあれば、利益を度外視して、感情的に行動することもある存在です。**だから、交渉を学ぶうえでも、その両方の側面にきちんと目配りしておかねばならないわけです。**

本書では基本的に、2時間目から4時間目までが「合理的な人間との交渉」について、そして5時間目では「非合理的な人間との交渉」について学んでいきます。

といっても、そんなに堅苦しく考える必要はありません。

まずは交渉の基本を理解して、最後に、気難しかったり感情的な相手とも交渉ができるようになるための方法を学んでいく。それくらいの気持ちでいてください。

「クレーマー」と呼ばれるような人間相手の交渉についても、ケーススタディで学んでいきます。

交渉に対する一般的イメージは、だいたい間違っている

さてここからは、みなさんと一緒に練習問題を解《と》きながら、交渉の基本的な考え方について学んでいきたいと思います。

交渉というと、みなさんはどんなイメージを持っているでしょうか？

おそらくふつうの人が「交渉」と聞くと、

「いかに自分の立場を相手に理解してもらうかが大事」

「自分の主張をなるべくたくさん言ったほうが勝てる」

「お互いに、少しでも得をしたいと考えている人間同士が、目をぎらぎらさせながらテーブルについているイメージ」

「少しでも相手より多く取り分をとったほうが勝ちのゼロサムゲーム」

というような印象を、なんとなく抱《いだ》いているのではないかと思います。

私も交渉について学ぶまでは、同じようなイメージでした。

実際、「タフネゴシエイター」というと、白いものでも黒と言いくるめてしまうような一筋縄ではいかない人物を連想しますよね。

しかしそういった印象は、かなりの部分で間違っていると言っていいでしょう。

実際の交渉は、もっとずっと深いコミュニケーションであり、相互理解が求められ、またクリエイティブなものです。

たとえばそれは、つぎの問題について考えてみることでもわかります。

練習問題

日本では長年、「就職氷河期」と呼ばれる、学生がなかなか就職できない状況が続いています。そのため「就活《しゅうかつ》デモ」と呼ばれる動きが一部の若者の間で起こりました。

彼らは、現在の硬直化した新卒採用システムへの異議を表明し、各地でデモ行進などを行いました。

彼らの望みは、大学生活における早期の就職活動の撤廃や、学生と企業を結びつけることで利益を得る「就活ビジネス」の規制などになります。

さて、「交渉」という観点から、彼らのデモの有効性を検討し、その問題点を考えてみてください。

考える時間：3分間

いかがでしょう。

みなさんのなかには就職活動中の学生もいるはずです。就活デモに対して親近感を覚えた人もいるのではないでしょうか。

なぜ彼らはデモを行ったのか？

彼らの多くも就職自体はしたいわけで、採用活動そのものをやめろと言っているわけではない。しかし、企業が実施している現状の募集スタイルに対して、異議があるわけです。

私が考える、就活デモの問題点を述べましょう。

いちばんの問題点は、彼らがどれだけデモを行っても、「いまの採用活動を改めよう」、あるいは「よし、彼らを採用しよう」と思う理由が、企業側にまったくないということです。

つまり、**デモでいくら自分たちの要望を主張したところで、企業側にそれを受け入れるだけの合理的な理由がない**。

だから、彼らの望みが叶《かな》えられる可能性はほとんどありません。

就活デモをすることで、メディアに取り上げられることを狙っているのかもしれませんが、それであればもっと上手なやり方があるのではないかと思います。現状のままでは、デモすること自体が目的化してしまっているようにしか見えないのです。

厳しいことを言うようですが、彼らの主張は、基本的に子どもの「駄々《だだ》」と変わりません。**「俺が困るから合意しろ!」「わたしが可哀想《かわいそう》だから言うことを聞いて!」という主張は、子どもであれば許されますが、大人の振《ふ》る舞《ま》いとは見なされないのです。**

自分の言い分が通らないからといって、甘えたり、すねたり、暴れたりする人とは前向きに話ができないのは、当然のことですよね。

とはいえ、彼らもなんとかして世の中を動かしたい、そういう気持ちがあることは間違いありません。それなのに、彼らが行っているデモというかたちの交渉は、まったく効果を挙げていないわけです（彼らがそれを交渉と思ってやっているかは知りませんが）。

交渉に関するもっとも大きな誤解が、ここにあります。

彼らは、「自分が困っている」と主張すれば相手は聞いてくれるはず、と考えてデモを行いました。しかしそれは、さきほど言ったように「子どもの論理」です。

相手に交渉のテーブルについてもらうためには、「自分の立場を理解してもらう」ことより、「相手の立場を理解すること」のほうが大切です。

つまり、「僕が可哀想だからどうにかして！」ではなく、「あなたがこうすると得しますよね」という提案をするべきなのです。

相手側の立場、利害関係を考えて、相手にメリットのあることを提示すること。

これは1時間目でもくり返し説明してきたことです。

就活でいえば、「現在の採用活動が、いかに企業にとってもデメリットが大きいか」を説明し、「もっと優秀な学生を効率的に採用するための方法」を提示できて、初めて企業は聞く耳を持ってくれる可能性が出てきます。

交渉というと、自分の都合をいかに相手に押しつけるか、というイメージがありますが、それがまったくの誤解であることをご理解いただけたでしょうか。

ちなみに、そういう無理筋《むりすじ》の主張をしている団体は、少なくありません。

労働争議や政治運動のような、世の中でたくさん行われている「反対運動」は、主催者側の「自分たちが嫌だからダメ」という主張に終始しているケースがほとんどです。

しかしそれでは、世の中は動かせません。

ビジネス交渉の席で「私の立場もわかってくださいよ」などと言う人がいますが、それも駄々をこねているのと同じことです。

これは、家庭での「小遣い値上げ交渉」でも同様。「自分が困ってるからお小遣い上げて」といくら言っても、母親が財布のひもを緩《ゆる》めてくれる見込みはまずないでしょう。

相手側にいかにメリットのある提案ができるか。

それをくれぐれも交渉では考えるようにしてください。

〈交渉の誤解 その1〉

× 自分の立場を理解してもらう

○ 相手の立場（利害関係）を理解する

× 僕が可哀想だからどうにかしてほしい
○ あなたが得をするからこうすべき

就職試験では何を言うべきか？

前問では、「相手の立場を理解する」ということが大切だとお伝えしましたが、そう考えれば、就職活動もどんなふうに考えて取り組めばいいか、はっきりしてくると思います。

続いて、つぎの問題を考えてみてください。

練習問題

就職活動の面接ではよく「自己紹介」や「志望動機」の説明が求められます。

しかし実際には、「学生時代は合コンと麻雀ばかりしていました」というような「本当の自己紹介」や、「給料が高くて休みも取れるからです」というような「本当の志望動機」を説明すると、落ちてしまうのがふつうです。

それでは、就職活動ではどのような視点で自己紹介、志望動機を述べればいいでしょうか？

考える時間：3分間

就職の面接では「本当の自分はこういう人です」「本当はこういった理由で御社《おんしゃ》に入りたいんです」と言ってはいけません。

面接官もそんなことは聞きたいとは思っていません。

だから、「嘘」と言っては言い過ぎですが、企業側が求める視点で、自己紹介、そして志望動機を説明しなければなりません。

エントリーシートをいくら送っても落ち続けるという学生に話を聞いてみると、このことについてまったくわかっていないことがよくあります。彼らは「本当の自分」「本当の志望動機」を書かねばならないと思い込んでいる。だから落ちてしまうのです。

そうではなく、エントリーシートならば「企業が自分を欲しがるように、どこがアピールポイントになるかを考えて書く」ことが大切です。

自己紹介をするのは自分を理解してもらうためではなく、相手が欲しくなる理由を提示

するためです。

志望動機も、自分の志望の理由ではなくて、相手側が自分を欲しくなる理由を、あたかも自分の志望動機であるかのように「偽装《ぎそう》」して話すことが大切なわけです。

ですから、就職活動で大事なのは、自分をわかってほしい、自分に合った会社に採用してほしい、という視点ではありません。

「この学生を採用しなければ、うちの会社が損するかもしれないな」と相手に思わせること。就活デモの問題とまったく同じように、自分のことではなく、やはり相手の立場、相手の利害関係に着目しなければならないのです。

交渉はオセロゲームに似ている

さてつぎに、有名な交渉の問題である「オレンジをめぐる交渉」について考えてみましょう。

練習問題

2人の姉妹が、ひとつのオレンジをめぐって口喧嘩《くちげんか》しています。

「半分に分けたら?」と親が言いましたが、2人とも「ひとつ分が必要なの!」と言って譲《ゆず》りません。

しかし数分後、話し合いの結果、姉妹で無事に分け合うことができました。

いったい何が起きたのでしょう?

考える時間:3分間

実際に京都大学の授業でこの問題を出したところ、学生たちから以下のような回答が挙がりました。

「姉妹のうちのひとりがオレンジを2つに切って、もうひとりが切り分けられたオレンジの好きなほうを取ったのでは?」

なるほど、オレンジを切る人と選ぶ人を分けるわけですね。たしかにそれならば文句は出そうにありません。

しかしこの答えだと、結局オレンジを2つに分けることになります。あくまで姉妹は「ひとつ分」を主張して譲らないので、これは間違いです。

また、「今回は姉がひとつ分、ぜんぶをもらうけれど、つぎは妹がぜんぶもらえる、と約束した」という回答もありましたが、それも違います。

両者ともにひとつ分必要という2人の主張は正しく叶えられて、交渉は終結しています。

では、答えを言いましょう。

「オレンジの皮と中身を分け合った」

これが正解です。

なんで？ という声が聞こえてきそうですが、要するに「2人が求めていたものが違っていた」ということなんですね。

姉はふつうにオレンジを食べたかったのですが、妹は中身が食べたかったのではなく、オレンジの皮でマーマレードを作りたかったのです。

お互いに「ひとつ分が必要なの！」と主張していても、じつは目的が違っていた。そのことが話し合ったことでわかり、交渉が妥結《だけつ》したわけです。

つまり**「利害関係が一見、完全にぶつかっているように見える問題でも、相手と自分、双方の利害をよく分析してみると、うまく両者のニーズを満たす答えが出てくることがある」**ということを、この問題は示しているのです。

交渉についてよくある誤解のひとつに、「たくさん自分の意見を言ったほうが勝ち」というものがあります。自分の言い分をどれだけ相手に伝えるか。それによって勝敗が決まる、という考え方です。

しかし、そのような交渉のスタイルをとっているかぎり、このオレンジをめぐる交渉のような、クリエイティブな合意はけっして出てきません。

「相手が欲しがっているものはなんなのか?」「相手が妥協《だきょう》してもいいと思っているものはなんなのか?」——それらを正確に見極めて、分析することが大切です。

つまり、「どれだけ相手の主張を聞けるか」の勝負となるのです。

交渉はゲームのオセロに似ています。

オセロは、最初は勝っているように見える側が、終盤になると自分が置いた石のせいでどんどんひっくり返されてしまい、最終的には負けるということがよくあります。

それと同じで、交渉も自分の意見を言い募《つの》るよりも、相手の言い分を黙ってじっくりと聞いて、向こうが求めるものや、交渉が決裂した場合に失うものを冷静に分析することが大切なのです。

〈交渉の誤解 その2〉

× 自分の主張をたくさん言ったほうが勝ち
○ 相手の主張をたくさん聞いたほうが勝ち

交渉はかならずしも「奪い合い」ではない

また、このオレンジの例のような、限られた「パイ」を分割する交渉を考えるときには、「もしかしたらお互いが欲しがっているものは別のものではないか?」と考えてみることで、意外な解決策を思いつくことがあります。

つぎの問題を考えてみてください。オレンジ交渉の応用問題になります。

練習問題

ある男性が、自転車屋の前を通りかかりました。

彼には娘がひとりいて、明日が誕生日。しかし、仕事が忙しくて、娘の誕生日プレゼントを購入する時間がとれませんでした。「どうしようか」と思っていたときに、その自転車屋の店頭で、娘が欲しいと言っていた自転車を見つけました。

彼は大喜びで、店員に「この自転車をください！」と声をかけました。

ところが、彼とまったく同じタイミングで、中年の女性が店員に「この自転車を売ってください」と言ったのです。

男性は女性に、「この自転車はずっと娘が欲しがっていて、明日が彼女の誕生日なんです。どうか私に譲ってくれませんか？」と頼みました。

しかし女性も、「うちの娘も明日、自転車の大会に出る予定なんです。ずっとこれと同じタイプの自転車で練習してきたんですが、壊れてしまって……。探しまわって、ようやく見つけたところでした。明日の大会に優勝するためには、この自転車でなければならないんです！」と一歩も譲りません。

しかし2人が話し合うことで、お互いにこの問題を解決することができました。

いったいどういう解決策をとったのでしょうか？

考える時間：5分間

これはオレンジの問題によく似ています。

答えを言うと、男性は女性に、「自分が購入代金を負担しましょう。そしてこの自転車に乗って、明日のレースに出てください。ただしそのあとで、自転車を譲ってもらえませんか?」と頼んだのです。

男性は娘の誕生会を翌日の夜に開くことにして、レースに出場した女の子とその母親を招待しました。そして、見事レースに優勝した女の子から、娘にその自転車をプレゼントしてもらったのです。

女性の娘にとっては、その自転車に乗ってレースに出ることがもっとも重要で、自転車そのものを手に入れることは二の次でした。だから、すんなり母親の提案を受け入れてくれました。

そして男性の娘は、ずっと欲しかった自転車を「レースに優勝した女の子からもらえる」というプレミアムつきで手に入れることができました。

2人が話し合って生み出したアイデアによって、誰も何も損をせずに、自分が手に入れたいものをゲットできたというわけです。

このように、**相手側の利害とこちら側の利害が完全に対立していないかぎりは、双方の**

利益を増やせる「落とし所」を探してみるべきです。

交渉だからといって、必ずしも限られたパイを奪い合うことにはならないのです。

〈交渉の誤解 その3〉

× 限られたパイを奪い合う

○ パイという前提自体を見直してみる

「君たちに100万円をあげようじゃないか。ただし……」

つぎに、交渉の問題のなかでもとくに有名なものについて考えてみたいと思います。これは、お互いにどれだけ得するかという、パイの「取り分」をめぐる問題です。

練習問題

見知らぬ2人、AさんとBさんが、電車のなかで大富豪に声をかけられ、こんな提案を受けました。

ここに100万円がある。

2人で分け合って合意ができたら、このお金を渡そう。

ただし、AさんからBさんへの金額の提示は、1回だけとする。

Bさんはそれを受け取るか、受け取らないか判断できるが、自分から金額の逆提示はできない。

Bさんが受け取らなかったら、2人とも一銭《いっせん》も得られない。

このゲームが終わったあと、2人は二度と接触しないこと。


さて、AさんはBさんにいくら渡すと提示すべきだろうか？

考える時間：3分間

この問題は交渉を考えるときのケーススタディとしてとても有名で、「最後通牒《つうちょう》ゲーム」という名前で知られています。

京都大学の授業で出したときには、「50万円」とする人もいれば、「40万円」「90万円」

「100万円」と答える人もいました。

この問題は、先に述べた「合理的な交渉」と「非合理的な交渉」を両方学ぶ必要性について、大きな示唆《しさ》を与えてくれます。

ひとつの考え方ですが、経済合理性を追求した場合、Aさんが提示すべき金額は「1円」というのが、いちばん合理的な答えになります。

そのときAさんは「99万9999円」を得られますが、Bさんは「1円」で我慢《がまん》せざるをえません。

なぜかといえば、論理的にはたった1円という金額でも、提示されたBさんの側は「それを受け取るか、もしくは何も得られないか」、YESかNOかの二者択一の立場に追い込まれるので、「0円よりは1円でも得られたほうがいい」と経済合理的に考えるならば、その提示を飲むべきだ、という結論になるからです。

「人は必ず交渉において自分の利益を最大化する」と考えると、これが答えになります。**ホモ・エコノミクス同士の交渉であれば、正解は「1円」なのです。**

しかし現実には、このような極端な提案をすると、「自分は99万9999円も取るくせに、俺には1円だけか⁉ だったら受け取らなくてもかまわない」と怒って、相手側が拒否する可能性が高まります。

あなたがBさんだったら、「1円」と提示されて、どう反応しますか？

学生の答えでも「50万円」と提示する人がもっとも多くいましたが、古典的な経済学が前提とするような「相手の利益は関係なく、自分の利益を最大化するのが合理的判断」という考え方は、現実の世界では必ずしも正しくはない、ということです。

だからこの問題は、**「唯一絶対の正解はない」というのが答えとなります。**

50万円ずつ仲良く分け合うこともあれば、「25万円」というAさんからの提示に、しぶしぶBさんが合意することもあるでしょう。

この最後通牒ゲームをもとにした実験では、だいたいBさんの取り分が3割を切ると、交渉が決裂することが多くなるといいます。Aさんの立場になった人間も、実際に「1円」と答えることはほとんどないようで、だいたい50万円前後を提示するそうです。

実験結果を見てもわかるように、**徹底的に合理的に、勝ち負けだけを追い求める交渉は、まったく現実的ではありません。**

なぜならば、実際の交渉では、交渉が終わっても交渉相手は同じ現実の世界に生きており、相手に不快な思いをさせたり感情的に傷つけるようなことをしてしまっては、「あいつはこんなにひどい奴だった」などと吹聴《ふいちょう》されたり、のちのちに思わぬしっぺ返しをされたりする可能性があるからです。

それにビジネスでは、一回かぎりで交渉が終わる、ということはそうありません。商取引であれば、継続してビジネスをすることが前提となるケースがほとんどです。だから、あまりにも「あこぎ」な交渉相手は嫌われるのです。

交渉は「なるべく多く取ったもん勝ち」というゼロサムゲームではありません。現実的には、そういった交渉は成り立たないのです。

なぜならば、「なるべく多く取ろう」として交渉が決裂してしまえば、結局、双方にとって得る利益はゼロ、交渉に費やした時間だけが無駄になる、ということになってしまうからです。

〈交渉の誤解 その4〉

✕ なるべく多く取ったもん勝ちのゼロサムゲーム

○ 多すぎもなく、少なすぎもなく、ちょうどいい合意点を探っていく行為

まずは「交渉の基本」を共有しよう

さて、ここまでの説明で、みなさんが交渉に対して抱いていたイメージは、だいぶ変わったのではないでしょうか？

「相手の立場を理解する」「自分が話すよりも、相手の言い分を聞く」「必ずしもパイの奪い合いではない」「自分の取り分が多ければいいというものでもない」ということが、交渉の何よりの基本となります。

交渉においてとにかくいちばん大事なのは、「相手の利害に焦点を当てる」ということです。

自分の立場と相手の立場がぶつかっているときに、「私の立場もわかってください！」とお願いしても意味がないことは、ここまでに述べたとおりです。

そうではなくて、単純に相手側の利害関係を理解する。お金が欲しいのか、それともそれ以外のメリットが欲しいのか。それを満たすのと同時に、自分も得をする道を考えればいいのです。

交渉というのは、お互いに自分の主張を言い張って「俺はこう思う」と論争するのではなくて、ある種のパズルのように、お互いの利害の落とし所を探る作業です。

相手にいくら自分のことを言ったところで「お困りですか。それはたいへんですね」で終わってしまいます。**大事なのは、自分の立場ではなくて、相手側のメリットを実現してあげること。そのうえで自分もメリットが得られるようにすることです。**

つまり、「利害の調整」がポイントとなるわけですが、じつは「相手側の利害と、こちら側の利害が完全に対立している」というケースはあまりありません。

さきほどの100万円を分け合うというケースですら、相手側と自分の間でお互いに一致する妥当な金額で合意したほうが、あとで嫌な思いをすることもなく、メリット度外視《どがいし》で拒否される可能性も少なくなります。

さらにオレンジ分割の問題のように、双方の利害が完全に邪魔《じゃま》し合うことなく、ともに実現するケースもあります。

お互いの利害を分析することで、双方に入ってくるメリット自体が大きくなる、パイが大きくなるということも少なくないのです。

現実の社会では、このような交渉の基本的ルールを知らない人がたくさんいます。

逆に「やってはいけない例」として挙げた、交渉時に「こんなに困ってるんですから助けてくださいよ」と泣き落としをしてきたり、「なんで俺の言うことを聞いてくれないんだ！」と怒ったりする人は珍しくありません。

そういう人に出会ってしまったときには、「これは交渉ですので、あなたと私の両方が納得して、2人ともに『YES』にならなければ結論が出ませんよね。お互いに合意を結べるポイントを探ってみませんか？」と提案してみましょう。

相手がその言葉を理解してくれたら、**その時点から、「感情的な対立」が「クリエイティブな交渉」に変わっていくのです。**

2時間目で手に入れた「武器」

★交渉の意思決定権者は相手と自分。

★「僕が可哀想だからどうにかして！」では

交渉にならない。

★相手の主張をたくさん聞いたほうが勝ち！

★パイを「奪い合う」のではなく、パイという前提を見直したり、パイ自体を大きくしようと努力することが大事。

★交渉は「利害の調整」が最大のポイント。

「バトナ」は最強の武器

「複数の選択肢」を持ってから、交渉にのぞむ

3時間目では、交渉においてきわめて強力な武器となる「バトナ（BATNA）」について、解説していきます。

このバトナという考え方を理解するだけでも、この本の値段分は十分にペイできるはずです。この時間も、ちょっとしたケーススタディから入りましょう。

練習問題

あなたは昨年買ったパソコンを中古ショップに売って、そのお金と貯金をあわせて、最新のパソコンを購入しようと考えています。

そのため、できるかぎり高く、いま使っているパソコンを売りたいと思っています。

そこで、家の近所にある中古パソコンショップのA店に行ったところ、「8万円なら

ば買い取ります」と言われました。

さて、あなたがつぎに取るべき行動を考えてください。

考える時間：3分間

こういうことは、みなさんの生活のなかでもよくあることだと思います。

パソコンにかぎらず中古の品物《しなもの》を売る場合、その値づけは店によってピンからキリまで開きがあるでしょう。ですから、ひとつの店でいくらと値づけをされたとしても、それが適正な金額であるかどうかは判断できません。

だから、つぎにあなたが取るべき行動は、比較対照するための選択肢を得ることです。

この場合だったら、ネットショップのB店にメールで買い取りを打診《だしん》してみる。あるいは、隣町の中古パソコンショップC店に持ち込んで査定《さてい》してもらう、というような行動になります。

その結果、ネットショップのB店では7万円、隣町のC店では9万円の値づけをされたとしましょう。この時点で、「高く売りたい」という観点からは、自動的に「C店に9万円

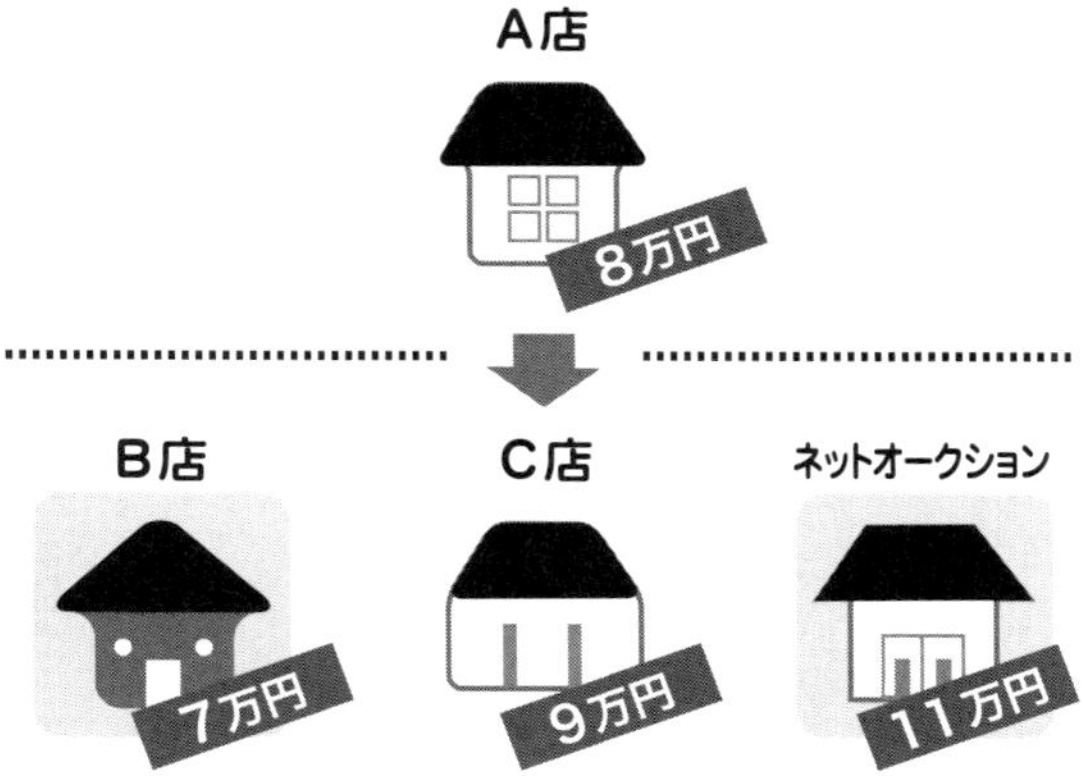

で売る」という選択をするべきだということになります。

しかしそこで納得せずに、「もっと高く売れるかも」と考えて、今度はヤフーオークションのようなサイトを使って個人に売る、ということを考えたとします。そのほうがお店にマージンを抜かれることがありませんから、高く売れる可能性があります。実際にネットで調べてみたところ、あなたが持っているパソコンの相場は10万円前後でした。

結局、最初のA店に比べて3万円も高く、オークションサイトで11万円で売ることができ、あなたはとても満足することができました。

さて、この中古パソコンを売る問題は、交渉においていちばん初めにやらなければならないことを教えてくれます。

それは**「複数の選択肢を持つ」**ということです。

この場合、最初のA店に行っただけでは選択肢がありませんので、8万円で売るか、売らないかの二者択一しかありません。

他の店に行って初めてより良い選択肢が出てきて、「選ぶ自由」が生まれたわけです。

A店で売るしか選択肢がなかったときには、A店との交渉で合意すべきかどうか、判断基準がありませんでした。

しかし、他の選択肢があれば、判断は簡単です。**他の選択肢のなかでいちばん良いものを選び出し、それと「A店と合意する」ことを比較すれば良いのです。**

そして、「A店と合意する」ことが、「他の選択肢のなかでいちばん良い条件」と比較してもなお好条件であれば、「A店と合意する」ことが正しくなります。

逆に、「A店と合意する」ことよりも「他の選択肢のなかでいちばん良い条件」のほうが得をするのであれば、A店と合意してはいけません。

このときの「A店と合意する」という選択以外に取り得るさまざまな選択肢のなかで、自分にとっていちばん良い選択肢、それを「バトナ」と呼びます。

「**バトナ**」とは、英語の「Best Alternative to a Negotiated Agreement」の頭文字をとった言葉です。簡単にいえば、**「相手の提案に合意する以外の選択肢のなかで、いちばん良いもの」**という意味になります。

最初のA店では8万円の値づけでした。

つぎのB店では7万円の査定です。

A店以外の選択肢はこれしかないので、この段階では「B店で7万円で売る」がバトナとなり、これはA店より良くない（安い）ので、この時点では「A店と合意する」ことが正しい行動となります。

つぎのC店に行って、9万円という値づけを得ると、今度はB店、C店という他の選択肢のなかではC店がいちばん良いので、バトナは「C店で9万円で売る」ということになります。

こうすると、A店の現在の提案である8万円では、合意してはいけません。交渉相手のA店の条件はバトナよりも悪いからです。

逆に、A店と再交渉して、「C店で9万円で売る」というバトナよりも良い条件、たとえば「9・5万円で売れる」ということになれば、「A店と合意する」べきでしょう。

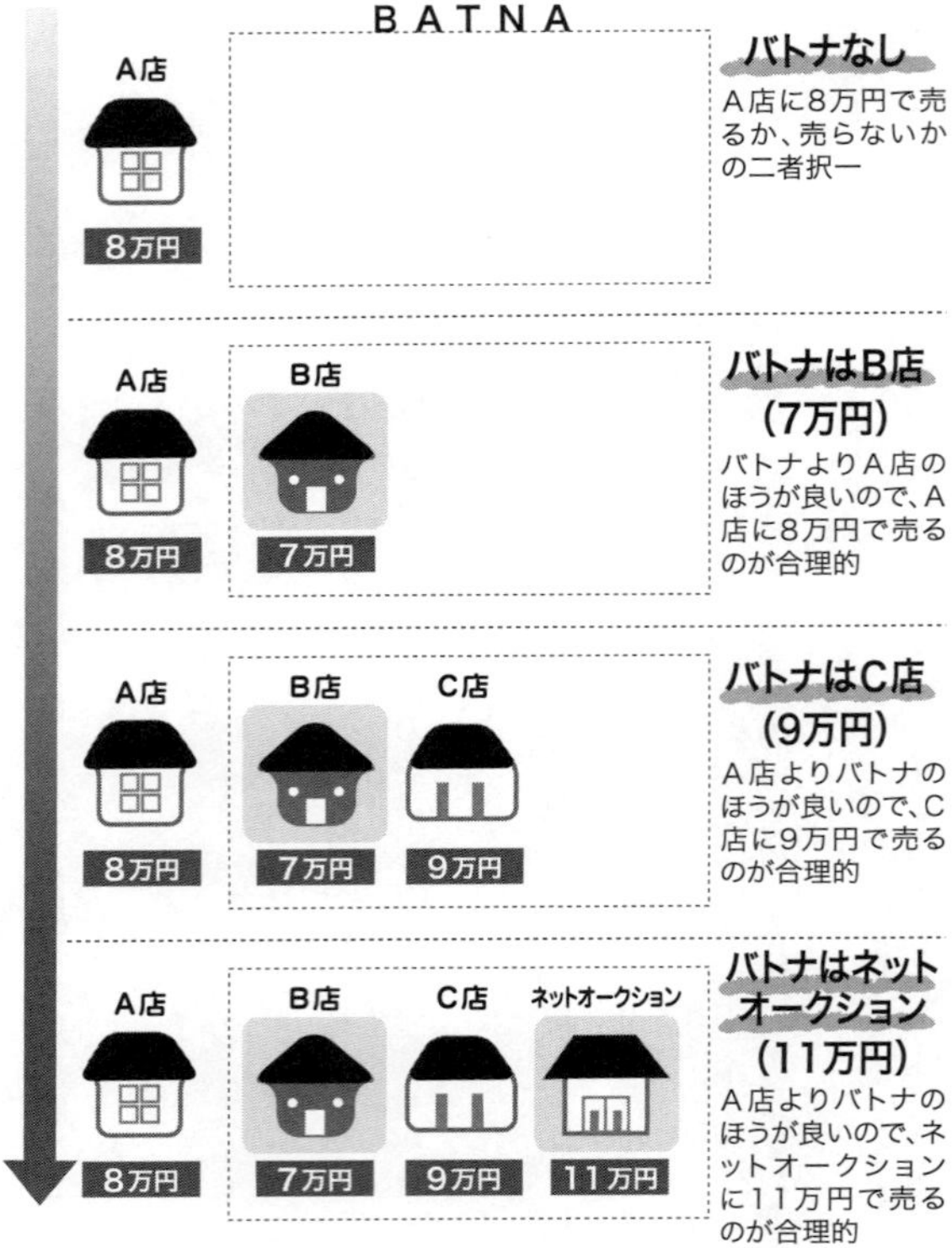
BATNA
A店
8万円
バトナなし
A店に8万円で売るか、売らないかの二者択一
A店
8万円
B店
7万円
バトナはB店
(7万円)
バトナよりA店のほうが良いので、A店に8万円で売るのが合理的
A店
8万円
B店
7万円
C店
9万円
バトナはC店
(9万円)
A店よりバトナのほうが良いので、C店に9万円で売るのが合理的
A店
8万円
B店
7万円
C店
9万円
ネットオークション
11万円
バトナはネットオークション
(11万円)
A店よりバトナのほうが良いので、ネットオークションに11万円で売るのが合理的

バトナ(BATNA)

目の前の交渉相手(この場合はA店)と合意する以外の選択肢のなかで、いちばん良い条件の選択肢

つまりバトナとは、**目の前の交渉相手と合意する以外にいくつかの選択肢（Alternative）があったときに、「交渉相手に、私はあなたと合意しなくても別の良い選択肢があるので、それよりも良い条件でなければ合意しない」と宣言できる他の選択肢ということになります。**

バトナとして良いものがあれば、目の前の人と必ずしも合意する必要はないので、交渉上、強い立場になれるわけです。

逆に、バトナが悪い、あるいは、バトナがない場合は、たとえ条件が悪くても、その相手と合意するほうが決裂するよりはまだマシ、ということになりますので、交渉上、立場は弱くならざるをえません。

交渉においていちばん初めにやらなければならないのは、できるかぎりたくさんの選択肢を持つこと。具体的には、目の前の交渉相手と合意する以外の選択肢を多く持つこと。

そして、そのなかのいちばん自分にとってメリットの大きな選択肢（＝バトナ）を持ったうえで交渉にのぞむこと。

まずこれが、合理的な交渉の基本になります。

バトナの考え方

- 交渉では、まずは複数の選択肢を持つこと
- そして、目の前の選択肢とバトナ（他の選択肢のなかでいちばん良いもの）とを比較しながら、交渉を行っていく

どうすれば給料を上げることができるのか？

バトナについてより具体的に理解するために、つぎの問題を考えてみましょう。

練習問題

営業担当のAさんは、社内でもトップクラスの営業成績をあげています。しかし、同期の社員と給料にまったく差がなく、不満に感じていたので、社長と上司に掛《か》け合い、給料10％アップの確約を取りつけました。

これは、社内規程でいえば最高の上げ幅になります。

年棒《ねんぽう》でいうと50万円ぐらいの昇給ですが、Aさんは100万円はアップしてもらいたいと思っています。

Aさんはこの提示を満足して受け入れるべきでしょうか？　それとも、満足できないとすれば、どういう条件を相手に提示すればよいでしょうか？

考える時間：3分間

この課題はきわめて実践的です。明日からでもすぐに使えるノウハウが凝縮されています。もっとも、みなさんの勤める会社の社長は困ってしまうかもしれませんが……。

Aさんの立場に立ったとき、会社からの昇給オファーを受け入れるべきかどうかの基準は、他社と比べてどうか、という視点で決まってきます。

つまり、「同業他社でAさんが同じ成績をあげたとして、どれぐらいの給料のオファーがあるか」という「バトナ」の存在が、まずはポイントになってくるのです。

Aさんが仮に他の会社に移るという選択をした場合と、自社に残った場合、その金額を比較することで、交渉の落とし所を探ることができます。

他社がもっと良い給与を出す可能性が高いのだとすれば（バトナのほうが現在の条件より良いのだとすれば）、Ａさんは交渉から降りたとしても問題はありません。

無理して会社と合意する理由がないわけです。

だから上司に「私はこういう理由で合意する必要がありません」という、ある種の「脅《おど》し」をすることもできるようになります。

それでは、昇給率が「10％」ではなく「11％」ならばいいのかといえば、それも違います。**なぜかといえば「Ａさんを雇わなかった場合にその会社が失うものが、もっと大きいかもしれない」からです。**

Ａさんが会社にもたらしている利益が、年間３０００万円だったとしましょう。

すると、Ａさんに与える「給料のプラス１００万円」をケチったためにＡさんが辞めてしまって、その結果、３０００万円の利益を失うぐらいならば、Ａさんに１００万円を支払うことは合理的な判断となります。

しかし当然ながら、交渉となれば、会社側も自分たちのバトナを探して比較してくるでしょう。

Aさんを雇わずとも、同じぐらいの営業スキルを持つ人がいて、いまのAさんの給料プラス50万円で雇えるのであれば、100万円アップを主張するAさんと合意する必要はありません。

会社側に「他の人を雇えばいい」という選択肢があれば、Aさんの立場は逆に弱くなるわけです。

つまり交渉とは、**その交渉が決裂したとき、自分と相手側に、それぞれ他にどんな選択肢があるのか、その選択によって何が手に入るのかで決まるのです。**

交渉が決裂してしまうより良い条件を相手に提示できれば、相手側はその提案を飲まざるをえなくなります。その逆に、交渉が決裂しても相手側はまったく痛くないのであれば、勝負にならないわけです。

バトナの考え方

● 交渉は、相手のバトナと自分のバトナによって決まる

「コモディティ」とは、バトナがない状態

というわけで、賃金交渉の場合のポイントは、いかに会社側と自分の選択肢、そしてバトナを正確に見極められるかにかかっているということになります。

労使《ろうし》交渉において、労働者側に他の選択肢がない場合、基本的に交渉にはなりません。たとえば、自分が働いている会社の給料がいくら安くても、他の会社に転職できる見込みがないのであれば、そこで働き続けるしかない。

これは、**自分の仕事において「バトナがない」という状態を意味します**。他の選択肢がないので、バトナも存在するはずがありません。

もし給料がなくても数カ月は食べていけるだけの貯金があれば、転職先のあてがない状態で辞めてもなんとかなるかもしれません。しかし貯金が少ない人は、辞めたら即、路頭《ろとう》に迷ってしまう。だから、社長や上司がものすごく理不尽で、給料が安くても、辞めるわけにはいかない。

こういう若い人は、いまの日本にすごくたくさんいます。

『僕は君たちに武器を配りたい』（講談社）という私が書いた本では、**これから社会に出ようとする若者に向けて「コモディティ人材になるな！」というメッセージをくり返し述べ**

ました。

コモディティという言葉について簡単に説明すると、もともとコモディティは「日用品」を指す言葉でしたが、近年では、技術発展によりどのメーカーのどの製品を買ってもユーザーにとっては大差がなくなってしまった商品のことを「コモディティ化した」と呼ぶようになっています。

コモディティ化した商品はどれを買っても同じなので、それを作っているメーカーは、価格を安くすることでしか競争できません。ですから、どんどん利益が薄くなり、「売っても売っても儲からない」という事態に陥ります。

重要なのは、最近ではコモディティ化の波が商品だけでなく、人材にも押し寄せていることです。

「コモディティ人材になる」というのはどういうことかといえば、「他にいくらでも替《か》わりがいる」ということです。つまり、会社側にとって、あるいは市場にとって、その人を選ぶ理由がない、誰を採《と》っても同じということです。

だから、コモディティ人材のマーケットで交渉に参加する個人は、最初から不利な立場に追い込まれます。誰でも同じですから、その仕事をゲットするのは「いちばん安い給料で働いてくれる人」ということになるわけです。

労働市場でコモディティになるということは、バトナが見つけられない状態に追い込まれてしまうということと、ほとんど同じなのです。

人生というのは選択の連続ですから、常により良いバトナを探して、確保しておくことが、自分の人生をより自由で豊かなものにするためにも必須なのです。

バトナの考え方

● バトナがないと、コモディティ人材になる

練習問題

引っ越しは何月にすべきか？

今度は、相手側のバトナを分析することの大切さを理解してもらうために、「家賃交渉の問題」について考えてみましょう。

ある知り合いの編集者は、定期的に引っ越し、まわりの環境を強制的に変えることで、多様な視点を手に入れるようにしているそうです。

そこでいつも頭を悩ませるのが、引っ越しの時期。

賃貸住宅を借りるときの契約で、もっとも重要なのは家賃です。最初に家賃が決まったら、そこに住み続けるかぎり、毎月その金額を支払わなければなりません。

その編集者がつぎの新居を探すときに、一年のうちどのタイミングで引っ越せば、家賃交渉が有利になるでしょうか？

考える時間：3分間

ちなみに私も定期的に引っ越しをくり返していますが、**この問題の答えで明らかにする「ある法則」を使うことで、だいぶ有利に家賃交渉を進めることが可能になっています。**

知り合いの編集者に実際に考えてもらったところ、

「引っ越しシーズンは進学や就職のタイミングである3月から4月なので、その前のいちばん引っ越しが少なそうな真冬の12月あたりに引っ越すと、有利になるのでは？」

という答えでした。

しかし残念ながら、その答えは間違いです。

正解は、毎年5月から6月にかけての時期になります。私も常に5月、6月に契約が切り替わるように家を借りています。

編集者の言う12月も、たしかに引っ越しが少ない時期ではあるのですが、交渉思考的に考えると、5月か6月のほうが圧倒的に良いでしょう。

それはなぜか？

バトナという観点から見てみると、この家賃交渉の問題は明快《めいかい》に解くことができます。

家賃の交渉のタイミングにおいて、なぜ12月ではなくて5月や6月のほうがいいか。それは、家主《やぬし》にとって「借りることを検討しています」という人との交渉が決裂したときに、最悪、つぎの年の引っ越しシーズンである3月、4月まで、1年近くも家賃収入が得られなくなる可能性が出てくるからです。

借り手は家主との交渉が決裂しそうになったとしても、他の部屋を検討することができます。つまり、バトナがいくらでもある状態です。

しかし、家主にとっては、借り手候補である人間の他に「部屋を借りたい」という人がいない以上、交渉が決裂したら「家賃ゼロで我慢する」しかありません。

つまり、バトナがない状態です。

ゆえに家主は、「1年間、家賃収入ゼロのリスクをとっても、現状の値段で入居してくれる人を待つ」か、それとも「多少値段を下げてでも貸して、いまの確実な収入を取る」かという、二者択一の選択を迫られるわけです。

もしこれが12月だった場合、家主は「あと数カ月我慢すれば引っ越しシーズンになるから、もっといい借り手が現れる可能性が高まる。いまここで安い家賃で貸し出して、2年以上も借りられたら大損だ」と思うはずです。

だから、**借り手にとって5月や6月が家賃交渉に向いているのは、その交渉が合意できなかったときに家主の失うものが、それ以外の時期よりも格段に大きいからなのです。**

バトナの考え方を応用することで、具体的な交渉にも役立つことがおわかりいただけたでしょうか。

バトナの考え方

● つねに「相手側の選択肢、相手側のバトナはなんなのか？」と考える

交渉は情報を集める「だけ」の勝負

相手側の選択肢、バトナを分析するためには、具体的に何をすればいいのか？

まずは「この交渉が決裂したらどうなるか」を考えることです。

相手が自分と合意しなければ、何が起こるのか。買わなければ何が起こるのか。うちと組む以外にどんな選択肢があるのか。そういったことを論理的に考えていくことで、相手側の選択肢を正確に分析することができます。

分析ができたら、つぎにその結果を相手にぶつけてみましょう。

「あなたはこちらの提案に乗らなかった場合、こういう選択肢がありますよね。しかし、その選択よりも私の提案のほうがあなたにとって有利ですよね」と提示してあげるのです。それが「バトナの提示」です。

相手にとってそのバトナが正しければ「そのとおりですね」と合意にいたる確率が高まりますし、こちらの分析が甘くて提示するバトナが間違っていれば、「いや、そうではありません。こういう道があるんですよ」と、新たな情報を入手することができます。

交渉の授業を行うと、毎年かならず学生から「いかに多くの情報を集めるかの勝負ですね」という感想が出てきます。

それはまったくその通りで、**交渉というのは結局、情報を集める「だけ」の勝負なのです。**

給与交渉のケースであれば、「同業他社の給与水準がどうか」や「自分の営業成績が会社にもたらしている利益」という情報を知っているかどうかで、大幅に交渉の余地が変わってきます。

家賃交渉であれば、「学生向けのマンションなので、毎年3月に多くの入居と空き物件が出るが、それ以外の期間はあまり動かない」という情報を知っているかどうかです。

また、相手の利害を分析するためには、相手の情報を集めることが必須となりますが、その多くは交渉相手本人に聞き出すことで得られます。

交渉というコミュニケーションがディベートなどに比べてもやりやすいのは、「相手側に直接聞いて情報を集めることができる」ことです。

いろいろな提案をすることで、それがダメな理由を聞き出し、積み重ねていくことで、より正確に相手側の選択肢やバトナを捉えることができるのです。

2時間目でも述べたように、交渉について勘違いしている人は「どれだけ自分の主張を言うことができるか」の勝負だと思っていますが、そうではありません。

いかに相手の主張を聞き出し、こちらがそれに対してたくさんの提案ができるか、の勝負なのです。

交渉のポイントは「たくさん聞いて、たくさん提案すること」であると、覚えておいてください。

バトナの考え方

- 交渉が決裂したときに相手がどうなるかを考える
- 相手側のバトナを見極めるために「たくさん聞いて、たくさん提案する」

「最悪の結果」になっても、別の道がある

このようなバトナの考え方を知っていると、いくつも良いことがあります。

ひとつは**「自分にとって不合理な合意を避《さ》けることができる」**ということです。

交渉ではよく、話し合いが長期化した結果、いいかげん疲れてしまい、「お願いしますよ」などとゴリ押しされて、「もういいか」となんとなく決めてしまうことがあります。

「こんなに話し合ったんだから合意しないともったいない」と思ってしまって、不利な条件でも飲んでしまうのです。

しかし、「交渉した時間」というのはどうやっても戻ってきませんから、サンクコスト（経済活動における埋没《まいぼつ》費用。投下したあとで事業の縮小や停止をしても返ってこない費用のことをそう呼ぶ）として無視するべきものです。

自分のバトナを正しく認識できていれば、「この条件より下であれば、席を立っても問題ないな」と明確に線引きできるので、なんとなくの合意にいたることを避けることができます。

また、**事前に「最悪の結果」を想定できるので、心の中に余裕も生まれます。**

「もしこの交渉に失敗してしまったら自分の人生はお先真っ暗だ」というような状態では、土下座《どげざ》をしてでも合意に持ち込もう、という気持ちになります。そうすると、非常に不利な条件でも飲んでしまいかねません。

ところが、「最悪の結果になっても、こっちの道がある」というつぎに打つ手が見えていれば、余裕をもって交渉に当たれます。

さきほどの賃金交渉の例でいえば、「最悪クビになっても、こっちの会社に就職すればいいいから、社長がぶち切れるかもしれないけれど、高めの給料を提示してみよう」と思えるわけです。

他の選択肢を持つことで、交渉が心理的にも実利的にもとても楽になるのです。

バトナの考え方

- バトナを用意しておくと、不合理な合意を避けることができる
- バトナを用意しておくと、心の中に余裕が生まれる

交渉は事前準備で8割決まる

前著の『武器としての決断思考』では、「ディベートは準備が8割」と書きましたが、交渉においてもまったく同じで、**自分と相手の立場を事前に分析することによって、8割方勝負がつきます**。

交渉に入る前の時点で、双方のバトナはすでに確定しています。

バトナがないこともあれば、バトナが悪いこともあります。

相手と話し合う交渉の席についてしまったら、そこから自分のバトナを変えることはできないので、事前の準備が非常に重要ということになります。

だから、交渉に入る前に他の選択肢を増やし、「バトナを良くする努力をする」ことは、きわめて重要です。**バトナが良ければ良いほど、交渉力も高まるわけですから、バトナを見直し、より良いものにすることで、有利な立場をとることができるのです。**

たとえばアパートを借りる交渉においても、事前に複数の不動産屋をめぐり、たくさんの物件を見ておくことで、より良いバトナとなる物件を見つけられる可能性が高まります。

何も準備しなければ、より良いバトナどころか、バトナがまったくない状態で交渉にのぞまなければならないでしょう。

就職や転職活動においても、内定をもらっている会社が複数あれば、本命の会社に対して強い立場でのぞむことができます。

選択肢を複数得ることができたら、そのなかでどれが本当に自分にとってもっとも良いバトナなのか、考えて、選んでおく必要があります。

パソコンの売り値であれば、単純に「価格」だけを比較すればいいのでカンタンですが、そういったものばかりとはかぎりません。

たとえば就職活動ならば、あらかじめ自分のなかで、大切にしたいことは給料なのか、仕事の中身なのか、ワークライフバランスなのかと、いろいろ考えて優先順位を決めておかなければ、どれがバトナなのか選べないでしょう。

逆に、バトナがはっきりしていれば、ある会社から内定のオファーを受けたとしても、すでに内定をもらっている他社と比較して、自分が基準とする条件を満たしていなければ断ってしまっていいと判断できます。

バトナの考え方

● 交渉が始まったら、自分のバトナは変えられない。だから「準備が8割」

バトナをコントロールして、相手の油断をつく

準備を経て実際の交渉現場についたときに、注意していただきたいことがあります。

それは、**交渉においては「自分の本当のバトナ」を相手に悟《さと》られてはいけない、**ということです。

転職するときの交渉を考えてみましょう。

さきほどの給与交渉の事例のように、賃金を上げてもらうか、それとも他の会社に転職するか、どちらかの選択肢がある場合、会社側が「こいつは他の会社に行けば、いまのうちの会社より評価されるだろうな」と思っていれば、高いオファーを出してくる可能性が高まるわけです。

その逆に、会社側が自分のバトナのことを悪いと思い込んでいて、むちゃくちゃに低い条件を提示してきたら、あとから「別の会社のオファーはこんなに高いんですよ」と本当のバトナを提示することで、相手の油断をつくことができます。

だから、**自分のバトナを分析しておくことも大切なのですが、それと同じぐらい「相手に自分のバトナがどう認識されているか」を把握し、コントロールすることも重要なのです。**

本当はすごく良くても悪く見せたほうがいい場合もあるし、その逆もあります。

トランプのポーカーには、本当はすごく強い手札《てふだ》なのにわざと弱いように見せかけて、相手の賭《か》けるチップをつり上げさせるというテクニックがありますが、交渉におけるバトナの勝負も、それと同じような心理戦の側面があります。

「バトナは実際の良し悪しよりも、相手側の認識が大切」ということを覚えておいてください。

一方で、相手側がすごく呑気《のんき》な人々で、「どういう基準で物事を判断していいかわかっていない」というケースも、交渉ではよくあることです。

さきほどの家賃交渉の例でいえば、家主さんが「ここで交渉が決まらなければ、1年近く誰もその部屋に入らない可能性がある」ということを認識していないようなケースです。そういう人といくら家賃の交渉をしたところで、「値段は下げられない」と頑《かたく》なに拒否されるだけでしょう。

その場合は、**相手にわかりやすく相手側のバトナを提示してあげることで、交渉を前に進めることができます。**

「もしいま自分が入居しなければ、1年間この部屋は空いたままかもしれませんよ。月5000円引きで契約してくれても、わずか年間6万円のマイナスにしかなりません。それぐらいの金額、いま自分が入れば、わずか1カ月で回収できてしまうではありませんか。現状の金額にこだわって、これから1年間誰も入らないリスクを考えれば、いまここで私と契約してしまっても、ぜんぜん損ではありませんよ」

と交渉すればいい。

このようにロジカルに説明することで、相手側が持っているバトナが「ない」、もしくは「悪い」ことを、理解させるのです。

バトナの考え方

- 相手に自分のバトナを悟られない
- 相手が自身のバトナを理解していないときは、こちらから提示して、誘導する

警察の取り調べは「誤解」を利用している

交渉相手が双方のバトナを理解していない場合、**「本当は交渉が決裂しても相手にとってはなんのデメリットもないのに、たいへんなことが起こると誤解させる」**という、ちょっと裏技のような交渉術もあります。

これは、司法制度の本旨《ほんし》からは本来あってはならないことですが、実際には、警察の取

り調べに使われているテクニックです。

警察官の取り調べも、交渉の観点から見ると、とても面白く分析できます。

いまの警察が扱っている事件のほとんどは、自白《じはく》にもとづいています。彼らにとっては、犯人と目星《めぼし》をつけた人物から自白調書を取れるかどうかが勝負なわけです。

そのために、彼らは交渉のテクニックを駆使《くし》します。本当は無実かもしれない被疑者でも「ここで自白してしまったほうが得かもしれないな」と誤解するように、自主的に自白を促《うなが》すわけです。

「いま、これだけ証拠があるんだから、君がいくら無罪を訴えてもどっちにしろ有罪になる。それでも無罪を訴え続けるならば、君は『反省していない』と見なされて、のちのちの裁判で重い量刑が科《か》される可能性が高まる。でもいまここで君が自分の罪を認めて、反省文を書いてくれるなら、執行猶予《しっこうゆうよ》がつくかもしれない。重い量刑と執行猶予、どっちがいい?」と迫るのです。

そうすると、狭い取調室で長時間、一方的に詰問《きつもん》され続けているので、「僕がいくら無罪を訴えても誰も信じてくれないんだな……」と諦めてしまうことがあるわけです。

冤罪《えんざい》というのは、そうやって生み出されています。

本当は自白調書にサインをせずに、あくまで無罪を主張するのがもっとも良いバトナなのかもしれないのに、追いつめられた人は「執行猶予がつくなら」と自供してしまうわけですね。

警察官は被疑者に「自分は弱い立場にいる」と誤解させることで、自白を迫ります。その逆に弁護士側は、被疑者の本当のバトナはなんなのかを分析することによって、警察の脅しに屈しない道を探して戦うわけです。

バトナの考え方

- 相手に自身のバトナを誤解させることで、有利に交渉を進めることができる

交渉の範囲を決める「ゾーパ」という考え方

自分と相手のバトナを正しく把握できるようになると、「この条件より悪ければ合意にいたる必要がない」と判断できるようになります。つまり「合意できる／できない」範囲が決まるわけです。

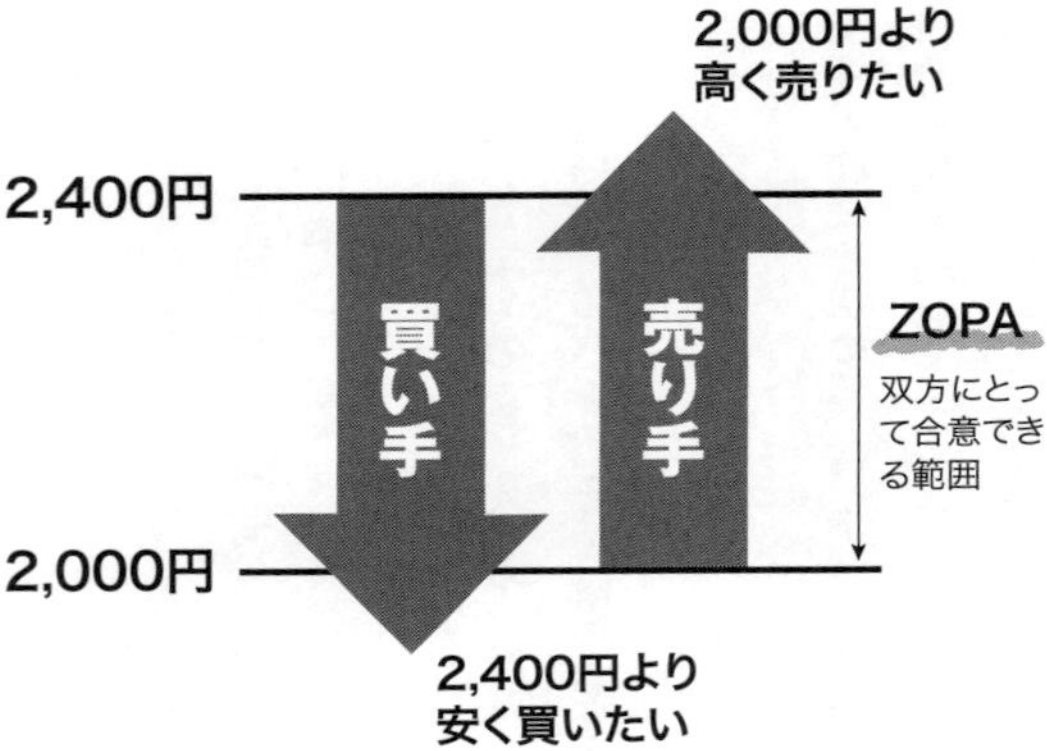

その「合意できる範囲」のことを「ゾーパ（ZOPA）」と呼びます。

ゾーパとは「Zone of Possible Agreement」の略で、日本語にすると「合意が可能となる範囲」といった意味になります。

たとえば、金銭だけが争点になっている売買の交渉を考えてみましょう。

売り手が「他の店では2000円で売れる」というバトナを持って交渉にのぞんだとします。その場合は、買い手が「1900円で買いたい」と言ってきても売る必要はありません。2000円より高くなければ合意する意味はないのです。

逆に買い手が事前に「他の人から2400円で買える」というバトナを持っていた場合は、

売り手が「2500円で売りたい」と言ってきても買う必要はないでしょう。2400円よりも安くなければ、合意しなくていいわけです。

この2人の場合は、**つまり2000円から2400円の間が、双方にとって合意できる範囲となります。**

この領域が「ゾーパ」です。

交渉において両者のバトナが決まれば、その間にゾーパが生まれるわけです。

しかし、**そもそも「ゾーパがない」こともあります。**

どんなときかというと、つぎのようなケースです。

売り手はなんとしても2000円以上で売りたい、しかし買い手は1800円以下でしか買わないと決めている。この場合はお互いに合意できる価格が重ならないので、取引は成立しません。

商取引において、売り手と買い手双方の希望する価格が明確に定まっているとき、ゾーパがないことはよく起こります。

お互いにバトナをよく吟味《ぎんみ》せずに値段を決めた場合であれば、そのバトナを見直すことで交渉の余地が生まれるかもしれません。しかし、徹底的に分析したうえでその数字を出したのであれば、その商取引は合意しないほうがいいわけです。

そういう場合は、交渉を続ける時間自体が無駄となります。

交渉の当事者である双方それぞれが持っているバトナからすると、合意できる領域がないとしたら、そもそもその交渉は合意にいたるべきではありません。

なぜならば、**合意にいたったとしてもお互いに損をするので、決裂したほうがマシなのです。**

ゾーパの考え方

- 相手と自分のバトナが決まったら、自動的にゾーパが決まる
- 一見ゾーパがないときでも、バトナを見直すことでゾーパが生まれる
- 本当にゾーパがないときは、交渉するだけ無駄

「ウィンウィン」という言葉に騙《だま》されるな

逆に言うと、ゾーパが存在する場合は、必ず交渉する意味が生じます。

そこで出てくるのが、ビジネスの世界でも一時非常に流行った「ウィンウィン（Win-Win）」という言葉です。

交渉がうまくいき、双方にとって望んだ結果となったときなどに「この話し合いはお互いウィンウィンとなりましたね」などとよく言います。

しかし、**ビジネスというのは本来、取引が成立したらすべて「ウィンウィン」であるべきです。** 交渉が合意したということは、お互いにとって納得いく結果になったということですから、むしろウィンウィンでなければなりません。

だから問題とすべきは「どれぐらいウィンか？」ということです。

金銭の交渉の場合、片方が支払う値段が安くなれば、もう一方が得られる金額が低くなるということはよくあります。

双方にとって「向こうの得がこちらの損」という関係になるので、実際の交渉では「どちらがよりウィンか」ということの見極めが非常に大切になってくるのです。

たとえば、中古パソコンを買いたいAさんが、「5万円以下で買えればいいな」と思っていて、売り手のBさんが「もう古いパソコンだから、1万円以上だったらいくらで売れてもいいや」と思っていたとします。

この場合、基本的には1万円から5万円までの間のどこで合意しても、双方にとってウィンウィンになるわけです。

しかし、1万円と5万円では、かなりの差がありますよね。

現実の交渉でも、このように条件の落とし所にかなりの範囲があることは少なくありません。

「ウィンウィン」は、あちこちの自己啓発書にも出てくるメジャーな言葉となりましたが、**こと交渉においては、「どちらかのビッグウィンは、もう一方のスモールウィン」であるということをよく覚えておいてください。**

交渉が終わって「これで私たちもウィンウィンの関係ですね」などと言われたとしても、そもそも交渉が合意にいたったということはウィンウィンであることが当然なのですから、どのレベルのウィンを自分と相手が手に入れたのか、きちんと把握しておくようにしましょう。

ゾーパの考え方

- 一方のビッグウィンは、もう一方のスモールウィン

竹島《たけしま》領有問題の解決はこれしかない

ここまでは、給与交渉や引っ越しといった身近な交渉を例にとってきましたが、この時間に説明したバトナやゾーパという考え方は国際交渉にも使えるということをお話ししたいと思います。

少しレベルが上がりますが、つぎの問題について考えてみてください。交渉思考がいかに実践的かということが、おわかりいただけると思います。

練習問題

いま日本が抱えている国際問題で、いつまでも解決しそうにないものとして、韓国と領有権を争っている「竹島の返還交渉」があります。

それぞれが自国の正当性を主張し、何十年も争っていますが、まったく決着がつき

そうにありません。

お互いに古い地図を引っ張り出しては「自国のものだ！」と主張し合っていますが、双方ともに真っ向から意見が対立しています。

もしあなたが日本側の担当者だったら、この問題を解決するために、韓国側にどのような交渉を持ちかけるでしょうか？

考える時間：10分間

この問題はそもそも、なぜここまで話が進まないのでしょうか？

私はここで、双方の国の竹島をめぐる歴史的な背景には、一切触れるつもりはありません。いくらそれを主張したところで話が平行線をたどることは目に見えていますし、その点では、ほとんど意味がないと思うからです。

そうではなくて、純粋な交渉マターとして、この問題を捉えてみましょう。

まず、日本のオファーは「竹島を返せ」ということです。

韓国側からこのオファーを見ると、「はい、わかりました。日本の言い分はもっともですからお返ししましょう」と言って素直に返還するという選択肢と、「ふざけるな」と一刀《いっとう》両断《りょうだん》で断るという選択肢の2つがまずあります。

では、韓国側にとって「竹島を日本に返す」という選択肢を取った場合に、韓国の「具体的なメリット」はあるのでしょうか？

もしそれがあるのであれば、韓国は合意すべきなのに、なんらかの合理的ではない理由によってその選択肢を取らない、ということになります。

反対に、他に取り得る複数の選択肢のなかのバトナが「返還する」という選択肢よりも良いのであれば、日本に返すのは「阿呆《あほう》」ということになるでしょう。

それぞれの国の政治家やジャーナリストの人々は、自国の立場を声高《こわだか》に主張しますが、そんなことはどうでもいいことで、「相手側の利害関係」に立って交渉することが重要であることは、これまでくり返し述べてきたとおりです。

その観点から見ると、日本側の主張の正当性・不当性はさておき、大事なのは韓国側の利害はどうなのか、韓国にとって「竹島を返すという選択はベストなのか」（＝バトナを上回る合意なのか）と考えることが大切になります。

韓国にとってどちらが合理的かを考えれば、明らかですね。

韓国政府には、日本に竹島を返還する合理的な理由がまったくありません。

もし「日本政府の言うことはごもっともなので、お返ししましょう」と韓国政府が応じた場合、失うものは多大です。

これまでさんざん「竹島は韓国の領土だ」と主張してきたわけですから、マスコミや国民から強烈な突き上げをくらって、ほぼ確実に政権が吹き飛ぶでしょう。

国内では大規模なデモが起こるでしょうし、下手したら内乱になりかねません。

つまり、韓国政府にとって竹島を返すメリットは何ひとつないわけです。

竹島問題がこじれている理由は、日本側は竹島を返還してもらって当然、韓国側は絶対に返さない、と真っ向から対立していて、交渉可能なゾーパの余地がまったくないからです。

こういう場合は、**意表をつくオファーをすることで相手側のバトナを悪くすることを考えることが重要になってきます。**

「バトナを悪くする」とは、どういうことか？

つまり、バトナが「返還する」という選択肢よりも良いと思っていたところを、「いやいや、じつは返還したほうがマシなんですよ」と韓国側に理解させるのです。

それでは、日本政府はどういうオファーを行えば、韓国側のバトナを悪くすることができるのでしょうか？

他の言い方をすれば、「どうすれば、韓国政府がそのオファーを受けなければ何らかの損をするような状況を作り出すことができるのか？」ということです。

これはかなり高度な思考訓練です。

答えを言いましょう。私が考えるこの問題の解決方法は、「国際司法裁判所に管轄《かんかつ》させましょう」というオファーを韓国政府に行うことだと思っています。

これがなぜ良いオファーなのか。

それは、日本国民、韓国国民の感情とは別に、第三者である他の機関、他の国々に判断を委《ゆだ》ねることができるからです。

韓国側にとって「もっとも困る事態」を考える

韓国は日本から30年ほど遅れて１９８０年代になってから近代化した国です。

そのために「先進国として見られたい」「日本と肩を並べる国だと認知されたい」という強い思いがあります。

だからこそ「こんなに国際間で揉《も》めている問題ですから、国際司法裁判所に判断してもらいましょう」というオファーを断った場合、「韓国は何かしら後ろめたいところがあるからだ」と他の国々に見なされ、韓国の国としての威信《いしん》が下がる可能性には神経質になることが予測できます（補足すると、じつは1950〜60年代に、日本は韓国に対して国際司法裁判所に委ねる提案を何度か行っていますが、すべて断られています。国際的な立ち位置など、50年前とは韓国の状況もかなり変わってきているので、あらためて提案すべきなのです）。

そもそも、竹島を日本に返したくない理由のなかで大きいものは「国の威信を守るため」ですから、「国際司法裁判所への管轄」を拒否することで威信が守られないとしたら、本末転倒です。

そこで、「そういう評価を国際的に受けるのはまずいんじゃないですか」と提示することで、「一切交渉に応じない」姿勢から、「国の威信を守るためには合意を検討すべきだ」という姿勢に変わるのではないか、と考えられるわけです。

韓国政府がこの提案に乗ってくる場合は、「国際司法裁判で勝てる」と判断してのことになるでしょう。現実にいま韓国は、竹島問題が国際裁判の俎上《そじょう》に載ったときに勝てるように動いているはずです。

日本政府にとっても、まったく打開の糸口が見えない竹島問題が、国際司法裁判の場で動くことは、打つ手がまったくない状態よりはマシです。

つまり、日本にとっても、「返還を声高に叫ぶだけで、状況がまったく変わらない」という選択肢よりは良い合意内容ということになります。

だからこの問題は、国際司法裁判所に提訴《ていそ》するというのがいちばんいいのです。

それでは、さらに考えを進めて、韓国側がこのオファーに乗ってこなかった場合のことを考えてみましょう。

日本との関係がさらにこじれて、国際世論から多少の批判をあびても国際司法裁判の場に出てこなかったときに、「いやいや、交渉に応じたほうが得ですよ」と伝えて韓国側にも理解してもらうためには、何を言えばいいでしょうか？

そのことを考えるためには、**「日本との関係が悪くなった状態のままでいた場合、韓国にとってもっとも困る事態とはなんだろうか？」と想像してみるのが有効です。**

そう考えてみると、「おそらく韓国にとってもっとも困るのは、北朝鮮との有事《ゆうじ》が勃発《ぼっぱつ》した際に、日本の協力が得られないことではないか」と思いつきます。

戦争のような事態にならずに平和的に北朝鮮と融和《ゆうわ》するとしても、日本の協力は不可欠でしょう。

旧東西ドイツの統一の際にも、周辺のヨーロッパ諸国の協力があったことがきわめて重要でしたが、経済格差の非常に大きな北朝鮮と韓国が合併する際には、日本およびアメリカの支援が得られるかどうかで、社会的に大きな混乱が起きるか、それともソフトランディングできるか、大きく左右されます。

そのときに韓国と日本の関係が悪くなっていて、日本の民意において「韓国をサポートする必要などない」という意見が大勢《たいせい》を占めていたとしたらどうでしょうか？

それは韓国にとって、とてつもないデメリットとなるはずです。

だからこそ、この竹島問題の判定を第三者に委ねて、早期に解決しておくことが、長期的に日韓関係の改善に結びつく。

日本側がこのように「竹島問題をこじらせたままにしておくのは、韓国にとってもデメリットが大きいですよ」と伝えることで韓国国民と日本国民の反発のリスクも最小限に抑えつつ、「中長期的な韓国の国際戦略にもかないますよ」とオファーするのが、いちばん合理的だと私は考えます。

戦う土俵《どひょう》を間違えるな！

竹島を返せ、返さない、という論争を続けるのがいかに非合理かおわかりいただけたでしょうか。

それなのに、日韓双方とも竹島問題がいつまでも政治家の間で争われているのは、それぞれの国内にいる、ある種のナショナリストの支持を得るのに、ちょうど手頃な問題だからではないかと思います。

歴史的に竹島がどうだったかといった話は、お互いにいくらでも文献《ぶんけん》を引っぱり出して、自国に都合のいい主張を続けることができます。

そのレベルで戦っているうちは、水掛《みずか》け論になるに決まっています。

頭が痛いのは、韓国側はそれがわかっていてやっている可能性が高いのに、日本のナショナリストはそうではなさそうだということです。

韓国は歴史論争の一方で、第三国に対して「独島《トクド》は韓国の領土である」とイメージづけるために、島の模型を作ってはあちこちの国に置いたりして「宣伝」しているわけです。

一方、日本のネトウヨ（ネット右翼）の人たちを中心とする「愛国者」の人たちは、一生懸命に自国の歴史的正当性と「いかに韓国がひどい国か」を感情的に訴えることに終始しています。

もちろん、さきほどの日本の脅しに現実味を持たせるために運動したり、国際社会に向けて発信している人がいないわけではありません。

ただ、韓国側はそれに表面上はつき合うそぶりを見せながら、裏では着々と国際司法裁判にかけられても勝てるように、国際法や国際政治の専門家を中心に対策チームを作ったりしているのです。

このままでは、勝負は見えています。

先述のように竹島論争は、双方の国にとっての国益《こくえき》を真剣に考えるのであれば、もっとたくさんの選択肢を考えるべきです。

しかし残念ながら、現状、そうなってはいません。**日本政府も国民も、戦いの土俵を間違えていることに早く気づかなければいけないと思います。**

相手側の選択肢やバトナを分析し、相手側のバトナの認識を変えさせることで、自分にとっても有利な方向に交渉を動かす。

これまでお伝えしてきた合理的な交渉の方法は、このような大きな問題にも使えるということがおわかりいただけたでしょうか。

「自分は代理人」と思うことで、心理的なハードルを下げる

さて、この時間の最後に、みなさんが薄々《うすうす》感じているであろう疑問について、お答えしたいと思います。

読者のなかには、「給料を高くしてほしい、家賃を安くしてほしいなんて交渉は、自分にはとてもできないよ」「自分によっぽど自信がなければ、交渉なんて無理」と思われる方が多くいるのではないでしょうか。

要は「それは瀧本さんだからできるんでしょ?」ということです。

京都大学の学生にこう言われたこともあります。

「アメリカ人でないと無理じゃないですか?」

その気持ちはよくわかります。

バトナの使い方のような交渉思考を身につけたところで、この「心理的なハードル」を乗り越えられなければ、現実に活《い》かすことはできません。

そこで私がお勧めするのは、**「自分のことだとは思わずに、代理人として交渉を頼まれ**

た」とマインドを切り替えてみることです。

自分は代理人で、弁護士のように依頼人に雇われて交渉している、と考えるのです。そうすると「自分のことを嫌な奴だと思われたらどうしよう」とか、「こんなことを言って相手を怒らせないだろうか」といった余計なプレッシャーがかなり軽減されて、客観的に物事を考えられるようになります。

このメソッドは、交渉にかぎらず就職活動においても有効です。

あくまで自分は「企業が求めるタイプの役をやっているだけだ」と考えることで、自己分析の泥沼《どろぬま》にハマることなく、面接で求められる人格をうまくインストールしてみる。もっといえば、「演技」をしてみる。

そうすることで、やはり余計な緊張やプレッシャーから解放され、面接がうまくいくケースが本当によくあるのです。

考えてみれば、大人というのはほとんどの人が、場所によってさまざまな「役割」を演じ分けています。忌野清志郎《いまわのきよしろう》の曲に「昼間のパパはちょっと違う」という歌詞がありましたが、多くの人は会社で「部長」や「課長」として働いているときの人格と、家でくつろいでビールを飲んでいるときの「お父さん」や「夫」としての人格は、別人と言ってもいいぐらい違うものです。

そのように「交渉用の人格」に切り替えて交渉に当たってみると、交渉自体がある種のカードゲームのように見えてきます。

「相手がこのカードを切ってきたら、こっちはこう返す」とあらかじめシミュレーションしておけば、客観的に対処できるようになる。こちらの要求に対して相手が「そんなことできるか！」と怒ったとしても、「脅しカードを切ってきたか」と冷静に分析することが可能になります。

実際の交渉の現場でも、役割を分けることは頻繁《ひんぱん》に行われています。

たとえば、人質《ひとじち》をとった犯人が立てこもって、身代金の要求を突きつけてきたような場合、警察は「実際に犯人と交渉する人」「状況を分析する人」「行動を決定する人」に分けて対応を考えるそうです。

そうやって役割を分けることによって、直接の交渉者は「自分には権限がなくメッセンジャーにすぎない」と犯人側に伝えることができるので、交渉のプレッシャーに負けることがなくなります。

その逆に犯人は、目の前の交渉者ではなく、そのうしろに控《ひか》える姿の見えない意思決定権者が何を考えているのか想像する立場に追い込まれ、プレッシャーが強まるわけです。

自分が交渉するときも、このように自分のなかで「交渉する人」「分析する人」「意思決定する人」を分けてみるのはきわめて有効でしょう。

相手側に何かしら強く押し切られて合意を求められそうになったら、そこで「ちょっと持ち帰ってパートナーと相談してから決めさせてください」と言ってみる。

実際にパートナーなんていなくてもかまいません。ベッドの脇《わき》に置いてあるテディベアのぬいぐるみでも、家で飼ってるインコでもなんでもかまわないのです。

とにかく相手に「自分だけでは決められない」と伝えることが大切で、持ち帰ってじっくり状況を分析する時間をとることで、その場での不用意な合意を避けられるわけです。

世間では交渉が強い人というと、声が大きくて押しが強い人をイメージしますが、**そういう人よりも、むしろじっと相手の話を聞いて、冷静に分析してゲームのように有効なカードを切れる人のほうが強いというのが、交渉の常識です。**

私の知り合いにタフネゴシエーターとして業界で有名な商社マンがいますが、商社マンというと誰もがマッチョな人をイメージするなか、彼は線が細く、とても物腰《ものごし》の柔らかな人物です。

彼は、産油国相手の利害関係が複雑に絡み合う交渉マターにめっぽう強いのですが、いざ交渉の場となると、相手がワーワー言ってきてもうまく受け流し、体力を温存させながら、最終的には体力勝負に持ち込んで、冷静に分析したカウンターの提案を粘《ねば》り強く行っていくことで、確実に相手を妥協させます。

ボクサーでいうところの、アウトボクサーです。

「自分はおとなしいし、押しが弱いから交渉には向いていない」と思う人こそ、じつは交渉に向いています。

知的かつ粘り強く、静かに交渉を行っていくことで、はじめて勝機が見えてくるのです。

〈交渉の誤解　その5〉

✕ 声が大きくて押しの強い人が勝つ

○ 静かに相手の話を聞いて、冷静に分析できる人が勝つ

★常に複数の選択肢を持て！
★交渉は、双方のバトナによって決まる。
★交渉は情報を集める「だけ」の勝負。
★一方のビッグウィンは、もう一方のスモールウィン。

4時間目

「アンカリング」と「譲歩」を使いこなせ

アメリカ大統領選挙で実際にあった交渉術

この時間では、3時間目までに学んだことをベースに、実際の交渉においてたいへん役立つ、いくつかの「戦術」についてお伝えしたいと思います。

まず最初に扱うのは、**それを知っているか否かで交渉の結論が大きく左右される「アンカリング」です。**

バトナやゾーパと同様に聞き慣れない言葉かもしれませんが、**アンカリング**とは、船を停泊《ていはく》させる際に錨《いかり》（アンカー）を打つことからきています。

ひと言でいえば、錨とも言うべき「最初の提示条件」（これを交渉用語ではアンカーと呼びます）によって、交渉相手の認識をコントロールすることなのですが、これだけではよくわからないと思うので、ふたたびケーススタディで一緒に考えていきましょう。

この問題は、実際にアメリカであった話をもとにつくっています。

練習問題

あなたは、アメリカ大統領選挙に出馬する有力候補の選挙対策委員長です。来週から大きな選挙キャンペーンを行うことになっており、全国でいっせいに貼《は》り出す予定の数百万枚のポスターがさきほど刷り上がりました。

ところが、ポスターの印刷が終わってから、たいへんなことが発覚しました。ポスターの大統領候補の写真を撮影したカメラマンの男性に許諾《きょだく》をとっておらず、そのまま使用した場合、掲載の差し止めや損害賠償《ばいしょう》請求をされたり、莫大なライセンス料の支払いを求められるかもしれないとわかったのです。

しかし、いまからポスターの差し替えをすると、選挙のキャンペーンにたいへんな損害を与え、プロモーションの遅れから、対立候補に多大な差をつけられる可能性があります。

なんとかその写真を使わせてもらうために、あなたはこれからその写真家に電話をしなければなりません。

さて、あなたはいったい彼にどんなオファーをすればいいでしょうか？

考える時間：5分間

先日、若手社会人向けの講演でこの問題を出したときに、参加者から挙がった回答をいくつかご紹介しましょう。

「その写真家にとっては知名度を上げるまたとないチャンスになるから、写真のライセンス料を支払うのではなく、逆にプロモーション料を請求するぐらいの強気な交渉ができるのではないか？」

なるほど、それはたしかにあるかもしれません。

ただ、写真家が「プロモーション料を払うのはむずかしいので、だったら使っていただかなくてけっこうです」と言ってくる可能性もある。

他にもっとガチっと彼の心を摑《つか》む提案はないでしょうか？

「継続して仕事をオファーするから、今回は無料で使わせてくれと頼むのは？」

「ポスターに彼の名前を入れるのは印刷が終わっているからできないと思うので、候補者が大統領になった時点で彼の名前を演説中に述べることを約束して、それをプロモーションの機会としてくれ、というのは？」

そういった、いわゆる「交換条件」を挙げる人も多くいました。

悪くはないやり方だと思いますが、もし「正当な使用の費用を払ってくれ」と彼から要求されたら、断れません。危険性が高すぎます。

それでは、答えを言いましょう。

その選挙対策委員長は写真家に電話をして、こう言ったのです。

「良い知らせと悪い知らせの両方がある。良い知らせは、君の撮った写真が、大統領候補の全国選挙キャンペーンで何百万枚も使われる最終候補のひとつに残ったというニュースだ。大統領候補も君の写真をじつに気に入っている。ただ、悪い知らせもあって、候補に残っているのは君の写真だけではない。他にも複数の候補があり、ここで君がこのチャンスを摑むためには、政治献金が必要になる。相場的には5000ドルぐらいになるだろうが、君は5000ドルをいますぐ準備できるか？」

写真家は当然、「5000ドルもの大金は無理です」と答えました。

「では、現実にはいくらぐらい出せる？」

「250ドルなら……」

「わかった。僕個人は君の写真がいいと思っているので、なんとか大統領候補を説得してみよう。ただし、少額でもいいから献金してほしいのと、大統領候補に『自分は多額の献金はできないが、写真を通じてあなたを支援したい』という趣旨《しゅし》の手紙を書いてほしい。僕が手紙のドラフトを書くので、それにサインしてもらってもいい」

するとと写真家は「5000ドルも寄付しなければならなかったのに、手紙と少額の寄付だけで、数百万枚のポスターに自分の写真が使われることになった。なんてありがたい話だ」と思い、選挙対策委員長は「君のような若者を大統領候補は支援したいと思っている」という〝良い話〟にまとめてしまったのです。

最初に「君はいくら払えるんだ?」というオファーを提示することで優位に立ち、「払えない」という返答を見越して「手紙と少額寄付」という選択肢を用意しておいた。

そうすることでライセンス料を1円も払わずに、その写真を使用する権利をゲットできたわけですね。

このエピソードは、1912年に、セオドア・ルーズベルト大統領の選挙のときに実際にあった話がもとになっています。

交渉はスタート時点で決まる

講演でこの話をしたところ、選挙対策委員長の作戦に対して「ひどすぎる」「あこぎだ」といった反応が返ってきました。

たしかにあこぎかもしれませんが、**この話が教えてくれるのは、「交渉はどこからスタートするかによって結果がまったく違ってくる」という非常に大事なことです。**

委員長は「あなたの写真を使わせてほしい。うちは写真使用料としていくら払う準備があります」と交渉を開始するのが常識的に考えればふつうなのに、「君はいくら払えるんだ?」と話を持っていくことによって、交渉がぜんぜん違う話になった。

このような金額のみが争点となる交渉では、「最初に自分から途方《とほう》もない条件を提示することで、相手をアンカリングする」という手法がとても有効な場合がよくあります。

アンカリングとは、さきほども少し説明したように「最初の提示条件によって、相手の認識をコントロールすること(もしくは、認識がコントロールされてしまうこと)」です。

相手側が出した条件に意識がとらわれてしまうことを指しますが、どんなに法外な条件でも「提示されるとそれを基準に考えてしまう」という人間の心理をうまく利用しています。

『武器としての決断思考』にも書きましたが、「ギリシャのGDPはどの国と同じでしょうか？」と質問すると、相手は「フランスと同じくらいかな。いや、もっと小さくて、ベルギーくらいかな」といった感じに考えます。

そして、いろいろな国の名前を挙げたりしますが、実際には、神奈川県と同程度のとんでもなく小さい国なんですね。

みんな「国」と聞いたとたんに、国家の枠組みで考えてしまう。

それがアンカリングです。

この例と同様に、この写真家との交渉でも、最初に「いくら払えるか」というゲームなんだと示すことによって、写真家は「僕はいくらまでなら払ってもいいのだろう？」という枠組みのなかで考えることに縛《しば》られてしまったわけです。

本来、彼の立場ならば、大統領候補側に「いくら払ってもらえるのか？」という交渉ができたはずなのに、相手側のオファーによってアンカリングされてしまった。

彼がもっと巧《たく》みな交渉家であれば、「他の写真家はみんな高額の献金ができるんですか？フリーのカメラマンの多くは、そんなにお金を持っていませんよね。だから僕も少額でいいんじゃないですか？」と切り返すことだってできたでしょう。

このように、**じつは交渉は、スタート地点ですでにある程度の結果が決まってしまうことも多々あるのです。**

アンカリングの考え方

●交渉は最初のアンカリングによって決まる

プロでも、アンカリングの影響を受ける

アンカリングは交渉を有利に進めるために、非常に効果的な手法です。

あらゆる交渉において、まず最初にどういう条件を相手に提示するかが、その後の展開を大きく左右するのです。

「相手側の提示した条件に人は縛られる」ということを聞いて「そんなことはない！」と思う人もいるかもしれませんが、じつはこのことを確かめた有名な実験があります。

不動産取引の研究実験で、同じ物件をまったくのアマチュアからベテラン不動産業者まで、複数の人間に評価してもらいました。

その際、「この家を売るとしたら○○円以上で売りたい」と金額を初めに提示しました。

その結果、アマチュアもプロも見事にその提示された金額に引っ張られて値付けをしてしまったのです。

さらに面白いことに、場合によってはプロのほうがよりその提示金額に影響されており、にもかかわらず、なんと実験に参加した不動産業者の80％が「自分は相手側の提示した金額とはまったく関係なく、自分自身の判断で客観的にこの金額をつけた」と述べていたのです。

外国のバザールなんかで気に入った商品を見つけて、売り手に「これいくら？」と値段を聞くと、こちらが予想する10倍以上の「法外な値段」をふっかけてくる。そういうことはよくありますよね。

それも、売り手は値切られることを前提に、なんとか高い値段で最初にアンカリングしようと思って、ふっかけるわけです。

無意識のアンカリングによって、人の思考は影響を受け、ひきずられてしまいます。

だから、相手側が何かしらの条件を提示してきたときには、それにアンカリングされないように**「この条件の設定自体に何かおかしいところがあるのではないか？」**と常に疑っ

てからなければいけません。

逆に、自分の側が交渉を優位に進めるためには、**最初から自分が戦いやすい条件を初期にオファーすることが必要になってくるということです。**

アンカリングの考え方

- 最初に相手をアンカリングして、優位に交渉を進める
- 相手から提案を受けたときは、それがアンカリングではないかと疑う

謝罪のときこそアンカリング

アンカリングの考え方は、現実のビジネスですぐに役立てることができます。

たとえばあなたが出版社の広告部の社員だとして、以下のような状況に陥ったら、はたしてどう対処するでしょうか？

練習問題

さきほど、自分が担当した広告記事が掲載されている雑誌の見本が送られてきました。

ざっと確認していたら、一カ所、広告中のデータが間違っていることに気づきました。なんと、商品の価格が違っていたのです！

もう印刷はすべて終わっているし、雑誌は書店に発送されています。いまさらストップをかけることはできません。

すぐにあなたはクライアントのところに行って、謝罪しなければなりません。

いったい、どういうふうに報告すればいいでしょうか？

考える時間：3分間

さて、このようなケースは、仕事をしていればよくあることだと思います（よくあっても困りますが……）。

いちばんの下策《げさく》は「申し訳ありません」とひたすら謝って、どうにか相手に許してもらおうとする（そして、なんの責任も取らずに済ませようとする）ことです。

クライアント側はすぐにあなたが何も責任を取ろうとしていないことを見抜きます。「謝ればいいってもんじゃない」とさらに怒りを強め、下手すれば広告料は一銭も払ってもらえず、大赤字になりかねません。

こういう場合は、お詫《わ》びに行く前に、きちんと事後対策を準備しておくことが必須となります。

そこで使えるのがアンカリングです。

「まことに申し訳ございませんでした。都内の主要書店にはこれだけ配架《はいか》される予定ですので、当社の営業部隊が回って主要書店分については刷り直したものと差し替えます。これがその書店リストです。また、当社のホームページのトップ画面にデータの間違いについての文面を一カ月記載します。次号でもお詫びの文面を載せます。つきましては、その文面のたたき台をお持ちしましたので、ご確認いただけないでしょうか？」

と、このように話を持っていけば、**間違いの責任問題からその後の対策の中身についての交渉へと、話をスライドさせることができるわけです。**

これがまさに交渉におけるアンカリングです。

人は提示された条件を起点として、物事を考えるようにできています。その思考の過程を利用することで、話し合いをこちらの意図する方向に誘導できるのです。

「無茶ギリギリの条件」を提示しろ！

アンカリングにおいて最初に提示する条件は、できるだけ「高い目標」とすることが大切です。

なぜならば、最終的に交渉の結果得られる果実は、最初に置いた目標以上にはならないからです。

こちらが「100円で売りたい」という商品を、相手側が「わかりました。150円で買いましょう」となることは絶対にありません。

だから、できるだけ高く、「ちょっと無茶では?」と思うぐらいの条件を提示したほうがいいのです。

これは、ビジネスでは常識的に使われている手法です。

不動産ファンドの人々などは、建物や土地を購入する際、相手がぶち切れる寸前ぐらいのありえない値段を言ってくることがほとんどです。

「そちらの希望金額の3割がいいところですね」などと真顔で言います。

しかし、相手が本当にぶち切れてしまってはいけません。交渉が決裂する寸前のギリギリ現実的な条件でなければならない。相手が認識しているだろうゾーパのなかの数字にとどめる必要がある、ということです。

数年前の日本では、不動産ファンドが日本中の不動産を買いあさって大儲けできました。それは、不動産の持ち主の会社が、銀行から早く金を返せと追い立てられていて、一刻も早く現金を手に入れたいという状況にあったからです。

不動産という資産はあたりまえですが、買う人がいなければ売れません。だから、すごく景気が良いときは買いたいのに買えないし、逆に景気が悪くなるとまったく売れない、という資産になります。

すると、景気が悪いときは、不動産をいくら持っていても1円もお金が入ってこず、逆にお金が維持費や管理費などでどんどん出ていくことになります。

そこで、不動産ファンドのマネージャーは、不動産の持ち主に「これから先もずっと損をし続けるのであれば、われわれにビルを売って、少しでも現金を手に入れたほうがいいのではないか?」と提示することで、信じられないような安値で多くの不動産を手に入れることができたのです。

私が関わった会社でも、素人《しろうと》の担当者が所有不動産を彼らに叩《たた》き売ってしまっていたことがありました。

しかし、彼らの商売も長くは続きませんでした。

それは、彼らの交渉が「継続」ということを考えていなかったからです。

アンカリングの考え方

- アンカリングは、できるかぎり「高い目標」で行う

継続性を考えない交渉はうまくいかない

さきほども外国のバザールの話をしましたが、アジアや中近東の市場では、よくこんなことがあります。

欲しい品物を指さして、売り手に「これはいくら?」と聞くと、信じられないぐらい高い値段をふっかけてくる。

それで、「高すぎる。5分の1にしてくれ」などと交渉を始めます。

それからえんえんとやり合った結果、最終的に3分の1の値段で買うことができました。「やった！」と喜んでいたら、じつは最初に50倍以上の値段でふっかけられていたことがあとからわかった。

それで「ぼったくられた！」と怒り狂う人がよくいます。

こういうことは、一回かぎりの交渉ではよくあることですが、ビジネスにおける交渉では「その場かぎりで二度と会わない」というケースはそんなに多くありません。

最初の交渉で、自分にあまりにも有利な条件を提示して、あとから「あいつはひどい」「騙された」という噂《うわさ》が立ったら、のちのビジネスに悪影響を及ぼします。

それは、ビジネスを長期的に行ううえで、きわめて大きな不利益をもたらします。

さきほど述べた不動産ファンドは、事業が非常にうまくいっていた数年間は、日本でもっとも給料が高い会社として週刊誌などにもよく取り上げられていたのですが、利益をボリすぎたことから「あまりにもえげつない」と悪評が立ってしまい、割安な不動産が買えなくなってしまいました。

それでも、最初のうちは潤沢《じゅんたく》な資金があったので、今度は大型の不動産を高額で買いに走って、さらなる大儲けを狙っていたのですが、リーマンショックが起きたことで、所有不動産の価値が一気に下落してしまいました。そして、最終的には会社が回らなくなり、大儲けしていた時代からわずか1、2年で倒産することになったのです。

この不動産ファンドの事例を見てもわかるように、**継続的に市場で勝ち続けるためには、「あまり暴利《ぼうり》を貪《むさぼ》らない」ということがじつは重要です。**

アンカリングしたいからといって、あまりにむちゃくちゃな条件を突きつけると、「この人たちの言うことは信用できないから、聞く意味がない」と思われてしまいます。

アンカリングも、一定の常識的な範囲だからこそ、そこに合理性が生まれて、交渉となる。だから、高い目標でありつつ、現実的で、相手が受け入れる可能性があるものでなければなりません。

相手に「なんでこの値段なんですか？」と問われたときに、理路《りろ》整然《せいぜん》と説明ができるものにしないと、長い目で見た場合は失うもののほうが大きくなるということです。

まとめると、アンカリングの条件は、

①高い目標
②現実的

の3つになります。

③説明が可能

逆に、こちらが条件提示を受けたときにはどうすればいいでしょうか？

アンカリングされるのを避けるためにも、**相手側が出してくる条件は、まずは「一切無視」ぐらいに考えておくほうがいいでしょう。**

料金交渉ならば、相手が出してくる金額がいくらであれ、自分としてはこの金額が最低ラインである、という「下側の条件」をまずは出すことです。

「この金額より下がらなければ絶対に買いません」とカウンターの提案を出すことで、それがアンカリングとなり、相手に揺《ゆ》さぶりをかけることができます。

またその際、こちらから出す条件も、さきほどと同じように、高い目標に合致していて、現実的で、説明が可能なものでなければなりません。

どれだけ相手とのギャップがあったとしても、「こういう理由でこの値段になるんですよ」ということが論理的に説明できる必要があるのです。

たとえば、不動産会社が持っているビルを売るときの交渉で、相手から「高すぎるよ」と言われたら、「来年、有名ブランドショップがテナントとして入りますから、いまこの値段で買っても、すぐに高い収益が望めますよ」というような情報を伝えるわけです。

アンカリングの考え方

〈●アンカリングの3条件は、「①高い目標、②現実的、③説明が可能」〉

自動車のディーラーは「譲歩」をうまく使って車を売る

さて、交渉において、あまりにも相手側とこちら側が考える条件のギャップが大きすぎる場合には、「譲歩」の必要が出てきます。

交渉における譲歩とは、自分の条件の一部を諦める、あるいは、相手にとって得となる別の付加価値をつけることを言います。

そして、譲歩するかどうかを考えるときには、

①無条件の譲歩は絶対にしない
②「相手にとっては価値が高いが、自分にとっては価値が低い条件」を譲歩の対象とする

という2点が、大きなポイントとなります。

どれだけ話し合いがまとまらなかったとしても、無条件な譲歩は絶対にしてはいけません。それまでさんざんやり合っていたのに、いきなり「じゃあ条件をぜんぶ変えます」と言ってしまっては、相手側も「いったいこれまでの交渉はなんだったんだ⁉」と面子《メンツ》が潰れてしまいます。

ですから、譲歩をするときにも相応《そうおう》の理由が必要です。

譲歩するときは必ず「何々をしてくれたら譲歩します」と条件をつけなければならない。**「これだけ自分は損を被《こうむ》るのだから、あなたも何かしらの損を被ってください」と持っていくことです。**

そのときのテクニックが「自分にとってはたいして意味がないが、相手にとっては意味

がありそうなもの」を譲歩するという手法です。

このテクニックをうまく使っているのが、自動車のディーラーです。

よく自動車を買うときの値引き交渉で、販売店のディーラーが「これ以上の値引きはむずかしいんですが、その代わりにディーラーオプションの付属品をおつけします」などと言ってくることがあります。

買う側にとっては嬉《うれ》しい話ですが、実際のところ販売店側からすると、それらの付属品はメーカーからタダ同然の値段で仕入れているものなので、**いくら顧客にあげても痛くも痒《かゆ》くもないわけです。**

だから、彼らは純正の付属品をいくらでもつけてきます。

あるいは、「保険を無料でつけましょう」などといって、物損事故などの保険商品をすすめてくることもあります。

これも、買う側からするとラッキーなように思えますが、じつは裏があります。

保険をつけることによって、いま持っている自動車保険の証書が手に入るので、つぎの切り替え時期がわかります。そのタイミングで高額の自動車保険を売りつけることができるのです。

つまり、安い保険をつけてあげることで、**より高額の保険を売るための情報を手に入れることを目的としているわけです。**

自動車ディーラーの事例のように、すごく譲歩しているように見せてじつは自分はまったく損をしていない、というケースがビジネスではよくあります。

譲歩できる条件がたくさんあるならば、いくつかのオファーを出してみて相手側に選ばせることで、交渉相手が何を重視し、何を手に入れたがっているのか、パズルが解きやすくなるでしょう。

相手側の判断基準を理解するためにも、さまざまな条件付きの譲歩を提示することは有効なのです。

ただし、バンバン譲歩していると、相手に「この人はいくらでも譲歩してくれる人だな」と見なされてしまう危険もあります。そうすると、「いくらでも譲歩してくれるのにここで合意するのはもったいない」と相手が思うようになり、正常な合意がきわめて生まれづらい状況に陥ってしまいます。

なので、こちら側の譲れない条件はきちんと相手にも理解してもらい、「これ以上の譲歩は引き出せない」と思わせることが重要になってきます。

譲歩の考え方

- 無条件の譲歩は絶対にしない
- 「相手にとっては価値が高いが、自分にとっては価値が低い」ものを譲歩する
- いろいろな条件付き譲歩を提示することで、相手側の判断基準を知る

相手の譲歩は、ひとつのメッセージ

相手が譲歩をしてきたときに、こちら側はどう振る舞えばいいのでしょうか？

まずは、**即座に受諾《じゅだく》しないことが大切です。**

相手の譲歩があまりにも魅力的な提案だったとしても、けっしてすぐに受けてはいけません。「本当にそんなラッキーな提案をしてもらっていいの？」と思っていても、表情には出さずにいったん「考えさせてください」と言うべきです。

なぜかといえば、**そうすることで相手側からさらなる譲歩が引き出せることがあるからです。**

もうひとつは、**その譲歩の背景を分析するためです。**

なぜ相手はその譲歩ができるのか？

じつは相手にとって、その譲歩は大した損ではなく、その裏にこちらの知らない何かがあるのではないか、と考えるのです。

さきほどの車の保険の例でお話ししたように、相手側にとっては無料で自動車保険をつけることで、こちら側の保険切り替えの時期の情報を手に入れる、という真の目的が隠されているケースもあるからです。

交渉では、「譲歩をした」ということ自体が、ひとつのメッセージであり、情報になります。相手側はその譲歩によって、こちら側にどんな行動を期待しているのか、相手の頭の中を想像することです。

また、すぐに受諾してしまうと、相手側が「せっかく譲歩したのに大した意味がなかったのか」と思ってしまい、不満が残ります。

みなさんも、ビックカメラなどの家電量販店に行って、「このパソコン、2割引きにしてもらえませんか？」と店員に頼んだとして、「いいですよ」とすぐに値引きをしてくれたら、「本当はもっと安くできたんじゃないか？　3割引きぐらいいけたかもしれない」と感じてしまうことでしょう。

店員も慣れたもので、お客にそういう不満を持たせないために、「2割引きですか……。うーん、ちょっと厳しいですが、フロア長に相談してきます」などと言って、少し時間をおき、「フロア長からこの付属品もご一緒にご購入いただければ、2割引きオッケーとの返事をもらいました」といった返答をすることがよくあります。

じつはその商品は在庫がだぶついていて、2割引きで売れれば万々歳《ばんばんざい》だったとしても、そういうそぶりはまったく見せません。そうすることで顧客も結果的に「いい買い物をした」と満足度を高めることを知っているのです。

お客の立場でいえば、**譲歩を受ける場合でも、相手に「譲歩しすぎたかな」と思わせないようにすることが大切です。**

本当は「2割も引いてもらえてラッキー！」と思っていてもぐっとこらえて、たとえば「えー、2割だけですか。じゃあ、ついでにオマケで何かオプションをつけてくださいよ」と頼んでみるのです。

譲歩の考え方

- 「譲歩をした」という事実自体が、相手を分析するための情報になる
- 新たな譲歩を引き出したり、交渉の満足度を高めるために、譲歩は「もったいつける」

面倒くさいやり取りが「仲間意識」をつくる

このように、ある意味で交渉は非常に面倒くさいものなのですが、その面倒な交渉をポジティブに捉えて、時間をかけることで、**当事者同士に「仲間意識」のような感覚が芽生《めば》えることがあります。**

ビジネスの場合でしたら、お互いに背後にいる上司からのうるさいチェックを乗り越えながら交渉を進めることによって、「良いものを作りましょう！」と気分が盛り上がってきます。

交渉相手を「対立する敵」と捉えるのではなく、ある意味で「ともに同じパズルを解いている仲間」と考えてみる。

そうすると、「交渉相手」や「会社」といった枠を超えた、ある種の「チーム」的な関係

を結べることがあるのです。

ビジネスの場合はとくに、交渉を終えてからが取引の「本番」ということは少なくありません。「あまり揉めたくないから」と交渉時にあっさりと合意してしまって、その結果、実際のビジネスの実行時に「話が違う!」とトラブルになることもよくあります。

そうならないためにも、少し面倒ではあっても、事前に交渉の時間をしっかり持つことで、相手と本音の話ができる関係性をつくっておくことがとても重要になります。

ちょっとした仲間意識が、のちのちに大きな意味を持つことになるのです。

「交渉の争点」を整理しよう

ここまで譲歩の考え方についてお話ししてきましたが、譲歩する条件を明確化するには、あらかじめ「交渉の争点」を整理しておく必要があります。

本当はあらゆる交渉において、事前に争点をきちんと分析しておくことが望ましいのですが、ちょっと複雑な話になるために前半での説明は避けました。

本書も後半に突入しているので、このあたりできちんとご説明したいと思います。

いままでの事例では、「パソコンをいくらで売るか」「家賃をいくらで契約するか」といったような、交渉の争点が基本的にひとつの案件を扱ってきました。**しかし実際の交渉では、争点が複数あって、「この争点では譲歩するけれど、こっちの争点は譲らない」というように分けて考えなければならないケースがほとんどです。**

そこで、交渉の争点が複数あるケースについて考えてみたいと思います。

これまでの練習問題はひとりで考えてもらうものばかりでしたが、今回はできれば友達や知人と共に2人で取り組んでみると、より理解が深まるはずです。

ではさっそく、ロールプレイを始めましょう。

練習問題

交渉者A（アパレル会社のマーケティング部の責任者）

あなたはアパレル会社のマーケティング部で働くマネージャーです。

会社全体の売上をどうやって増やすか、日々方策《ほうさく》を考えてプランを立て、その計画を現場に実行してもらうのが仕事です。

前のシーズンでは、売り場での商品の入れ替えを1回しか行わなかったところ、売上が前年に比べて15%も落ちてしまいました。

そこで今シーズンは、商品の入れ替えを3回に増やすことで展開する商品の数を増やして、売上を伸ばしたいと思っています。しかし、現場のスタッフからは「人数が足りないので無理」と不満の声があがっています。

どうにかして3回の入れ替えを受け入れてもらわなければなりません。

あなたは現場の責任者と、どう交渉すればいいでしょうか?

交渉者B（アパレル会社の販売スタッフの責任者）

あなたはアパレル会社の販売店で働くマネージャーです。売り場の責任者として店を切り盛りし、若いスタッフ5人の管理もしています。

シーズン中、これまでは1回だけの商品展開の変更でしたが、本社のマーケティング部が「今シーズンは3回変更したい」と言ってきました。

商品をすべて入れ替えるのにはたいへんな労力がかかり、徹夜作業となります。

現状はかなりの人手不足で、残業も非常に多い労働環境です。スタッフを守るためにも、そして退職者を出さないためにも、このマーケティング部のむちゃな要求を押し戻さなければなりません。

あなたは本社の責任者と、どう交渉すればいいでしょうか?

さあ、実際に2人で交渉してみましょう(お互いの条件がどうなっているのか知らない状況でロールプレイを行うと、より実践的になります)。

考える時間:15分間

実際、私が投資する会社の若手社員にこの交渉問題に取り組んでもらったところ、つぎのような結果となりました。

まず、交渉者A(マーケティング部責任者)の役割を演じた男性は、

「いろいろな商品を展開してお客様の反応を見ながら入れ替えるのが、売上増につながると思います。だから、現場の販売スタッフのほうでもがんばってほしい。なんとか3回の入れ替えをお願いできませんか?」

と主張しました。

しかしこれは結局、自分の立場や都合を主張しているだけですので、交渉の入り口とし

ては不合格です。

本書をここまで読んできたみなさんであれば、こういった主張のどこがダメか、おわかりいただけると思います。

そう、「自分の立場」ではなく「相手の利害」に焦点を当てなければならないのです。

自分の都合を言うのであれば、同時に相手にとってのメリットも提示すべきです。

この交渉の例で言えば、「売上が増えれば、販売スタッフにボーナスが出せますよ」「売上が増えれば、来シーズンから現場スタッフを増員することができるかもしれません」「今シーズンだけ3回に増やしてくれれば、残業を減らせるように本社の上層部に掛け合いましょう」などといった情報を伝えることで、相手に前向きに考えてもらえる可能性が高まります。

相手の利害関係を分析・理解し、それを満たしながら、さりげなく自分の要望も実現するのが、賢《かしこ》い交渉のポイントとなります。

一方、交渉者B（販売スタッフ責任者）の役についた女性は、

「3回入れ替えることについては、文句はありません。わたしも、売上を増やすことは大

事だと思っています。ただ、現状のリソースではとても無理ですね。現場はいま、ギリギリの人数でやっています。スタッフに無理な労働を強《し》いて、これ以上残業を増やすと、みんな辞めてしまいます。そうならないためにも、なんとか前のシーズンと同様、1回だけにしてほしいと思います」

と主張しました。

しかしこれは「変更回数が1回か3回か」の、いわゆる「ゼロイチ思考」です。

ゼロイチ思考とは「相手の提案に乗るか乗らないかの二者択一しか考えられない」狭い考え方のことを指します。

このゼロイチ思考に陥ってしまうと、「お互いにとってプラスとなる結果を生み出す」という方向に交渉をもっていくのが、非常にむずかしくなります。

この女性も「マーケティング部のお願いをとにかく断ること」だけに終始してしまいました。責任感が強い人ほど、頑なになりがちです。

結局、私たちが行ったロールプレイでは、マーケティング部役の男性が「なんとかお願いしますよ」と何度もくり返すも、販売スタッフ役の女性の「無理です！　そんなことはできません」という一点張りの意見に押し戻されて、何もゲットできずに終わってしまいました。

マーケティング部の男性にとって、この交渉の目的は「売上を増やすこと」だったはずです。それは、現場の人間にとっても無視はできないことです。

しかし、実際に交渉を始めてみると、両者ともに「商品の入れ替えの回数」のみに焦点を当ててしまい、柔軟な発想が出てきませんでした。

「回数増」VS「回数減（現状維持）」の勝負になってしまったのです。

ゼロイチ思考に陥らないためには、どうすればいいのか？

ロールプレイを行った2人に交渉後、感想を聞いてみると、
「販売スタッフの言い分ももっともなので、自分の主張をどう聞いてもらえばいいかわからなくなってしまいました」（男性）
「とにかく、売上よりも現場のスタッフの労働環境を守るのが自分の役目だと思ったので、相手の話を聞くよりも、自分の立場を主張するにとどまってしまいました」（女性）
とのことでした。
このように、交渉したにもかかわらず双方にとって現状維持のままで、何も物事が動か

ない、というケースは少なくありません。

これは「お互いにとって何が大切なのか？」「交渉のそもそもの目的はなんなのか？」という争点を明確にしておかなかったことが原因です。

このような交渉を行うときにまず考えるべきなのは、つぎの2つです。

①争点を洗い出す
②それぞれの重要度を決める

この問題の場合は、

A：商品の入れ替え回数
B：スタッフの人数（現場のリソース）
C：売　上
D：残業時間

の4つを考えることで、争点が明確になるでしょう。

このそれぞれについて、交渉者AとBがどれぐらい重要視しているか分析することで、「譲歩しても良い条件」と「譲れない条件」が決まってきます。

重要度 高い ＝ 絶対に妥協できない
重要度 中 ＝ 意見を通せたら嬉しいが、絶対ではない
重要度 低い ＝ どちらでもかまわない

交渉の争点を洗い出し、重要度を設定したら、そのつぎの段階として**「どれが〝目的〟でどれが〝手段〟なのか」を明確にすると、交渉している課題の構造がすっきりします。**

今回の交渉を図示すると、つぎのページの図のようになるでしょう。

商品の入れ替え回数を3回に増やすか、それとも現状のまま1回にするか、という争点だけを見ていると、双方の主張が真っ向から対立するので、話し合いは平行線をたどってしまいます。

しかし、そもそも交渉者A（マーケティング部責任者）が商品の入れ替え回数を増やした

	A 商品の入れ替え回数	B スタッフの人数 （現場のリソース）	C 売　上	D 残業時間
マーケティング部	手段 3回 高い	現状維持 低い	目的 増やしたい 高い	現状維持 低い
販売店	手段 1回 高い	増やしたい 中	現状維持 低い	目的 増やしたくない （むしろ減らしたい） 高い

いのは、「売上を増やす」という目的を達成するためです。

あくまで、商品の入れ替え回数は手段にすぎません。

反対に、交渉者B（販売スタッフ責任者）にとっては、売上増はそんなに重要な問題ではありません。むしろ、現場のスタッフにこれ以上の負担をかけないこと、退職者を出さないことが最優先事項となります。

入れ替え回数を1回にとどめたいのも、それが大きな理由です。

そしてできれば、労働環境を良くするために、スタッフの残業時間を減らしたいとも思っています。

だとすれば、交渉者Aは、自分にとっては

重要度の低い「スタッフの人数」や「残業時間」を譲歩の条件として、交渉者Bに提案することができるでしょう。

たとえば、販売スタッフの残業時間を増やさないために、商品を徹夜で一気に入れ替えるのではなく、営業時間中に少しずつ入れ替えたり、平日の空《あ》いている時間帯に行う方法を一緒に考えてみる、といった提案が、交渉者Aはできるかもしれません。

また、「現場の人数が足りなくて無理！」ということであれば、交渉者Aは「マーケティング部の手の空いている人員を、商品入れ替え時の臨時スタッフとして派遣しますよ」といった提案をすることで、自分たちマーケティング部の目的を達成しつつ、販売部の「残業を増やしたくない」という目的をも満たすことができます。

こういった交渉では、相手の希望する条件をできるかぎり汲《く》んであげながら、こちらの希望する条件を実現するためにはどうすればいいか、柔軟な発想をすることが求められます。

そのためには、争点をすべて洗い出し、それぞれの重要度を決めて、相手にとって重要な争点と、自分にとって重要な争点を結びつけてみる。

そしてそのうえで、「自分にとって重要度は低いが、相手にとっては高い争点」を譲歩したり、逆に「自分にとって重要度は高いが、相手にとっては低い争点」を譲歩してもらえるよう提案したりすることで、お互いにとっての目的を達成できる道を探ってみることが必要なのです。

どうでしょう？

交渉というものは、ゼロかイチかの単純なものではなく、非常にクリエイティブなものであることがおわかりいただけたでしょうか。

交渉相手の立場によって争点は異なる

このロールプレイで見たとおり、交渉においては**「相手がどういう立場の人間なのか」ということがきわめて重要な意味を持ちます。**

交渉相手が対会社であれば、現場の一スタッフなのか、マネージャークラスなのか、取締役か、経営者かによって、考えていることはすべて違います。

提案や譲歩をするときのポイントも、相手によって変わってくるのです。

たとえば、会社向けに顧客管理システムのようなB to B商品を提案するのであれば、交渉相手がその商品を使う現場担当者か、はたまた、その商品の購入決定権を持つ責任者かによって、交渉で訴求《そきゅう》すべきポイントがまったく違ってきます。

現場担当者にとっては、往々《おうおう》にしてそのシステムの導入で会社の業績がどれだけ向上するかといった大きな視点よりも、「メンテナンスは楽か」「操作は簡単か」「これまでの仕事を短時間で終わらせてくれるか」といった現場の視点が重要度の高い争点となります。

しかし、商品の購入を決定する責任者は、「この製品を導入することで、最終的にうちの会社はいくら儲かるのか」「いくらコストをカットできるのか」というコストの視点でしか物事を考えていません。

ですから、**両者に同じ提案をしてもあまり意味がないのです。**

同様に、売り込み先企業の役員会に提出する資料に、顧客管理システムの操作方法について書いても、まったく意味はありません。**常に相手の関心分野はどこにあるのかをケース・バイ・ケースで考えながら、相手に合わせて提案や譲歩を行わなければならないでしょう。**

「ビジネスの交渉はすべて相手会社の経済効率に基づく」と思いがちですが、現場の担当者レベルの場合は、自社の利益よりも「自分個人にとってメリットがあるかどうか」が判断基準となるケースが少なくないことを、よく覚えておいてください。

私が「そこそこ人気のあるエリア」に住む理由

3時間目に説明した家賃交渉のケースでも、相手（物件のオーナー）がどういう立場の人間なのかによって、どこまで値切れるかが変わってきます。

いちばん値引き交渉がしやすいタイプは、その物件を無料で手に入れた人です。たとえば、自分が持っていた土地にマンションが建つことになり、そのマンションの一室を無料でもらったけれど、自分自身は娘夫婦の家に同居している、というような人がこのタイプに当たるでしょう。

そういう人にとってその物件は、あくまで「余得《よとく》」（余分の儲け）にすぎません。ですから、そこから得られる家賃収入も「年金にプラスしてもらえるラッキーなお金」くらいの感じになるので、値引き交渉にも応じやすくなります。

逆に値引き交渉が厳しいタイプは、借金をしてその物件を手に入れた人です。こういう人は、その物件を貸し出すことによって利潤を得ることが目的ですので、1円でも高く貸し出したいと強く思っています。

なので、「サラリーマン大家になって不労所得でがっぽり儲けよう」という夢を見て不動産を購入している人がオーナーだった場合などは、家賃交渉はきわめて厳しくなります。

しかしそういう人でも、局面によってはまったく逆の展開となることがあります。**同じ人間であっても、置かれている状況によって判断が大きく変化するのです。**

悠々自適《ゆうゆうじてき》の年金生活をしている人にとっては、所有不動産の空室が続いて長期にわたって家賃収入が得られなくても、そんなに気にする必要はありません。なぜならば、それですぐに路頭に迷うことも、会社が倒産することもないからです。

ところが、物件をローンで買った人にとって、いちばん怖いのは部屋がずっと空いたままでいることです。先述したように、不動産は買う人・借りる人がいなければ維持費のお金がかかるだけですので、空室が続くのであれば、値下げしてでも貸したほうがいい。

ですから、サラリーマン大家が相手でも、その人の置かれている状況によって、交渉の展開はまったく変わってくることになります。

ちなみに私が不動産を借りるときは、**そこそこ人気のあるエリアで、前者の家賃にこだわらないオーナーを探します。**

「そこそこ人気のあるエリア」を選ぶのは、人気のあるエリアだといくらでもお客さんがいるので値引き交渉はきわめて厳しく、逆に、人気のまったくないエリアだと誰でもカンタンに値引き交渉ができるので価値が生まれづらいからです。

そこそこ人気のあるエリアこそ、交渉力によって大きな差がつきます。だから私は、そこそこ人気のあるエリアで、かつ家賃にこだわらないオーナーの物件を、毎回わざわざ探すのです。

そういう人は、大手のチェーン不動産会社ではなく、地元の不動産屋に物件を出すことが多いので、地場《じば》の不動産屋に行って「こんな家主の物件はありませんか？」と相談するようにしています。

そうすることで、誰よりもお得な物件に住める確率が飛躍的に増すのです。

交渉相手の背後にいる人物にも注意を払う

さきほどのロールプレイは責任者同士の交渉でしたが、**場合によっては、直接の交渉相手の利害・争点だけでなく、その背後にいる人たちの利害・争点にも注意を払う必要が出てきます。**

とくにビジネスにおいては、相手のうしろには上司や経営者などが控《ひか》えていますので、相手側の「大人の事情」を予測することが大切です。

交渉している問題を解決するには、他の部署の説得が必要になるのかもしれないし、いま契約している他の取引先を切らなければならないのかもしれない。また、交渉相手がじつは本当の意思決定権者ではないのに、自分に決定権があるかのようなフリをしている、といったケースもよく見られます。

相手の背後にいる人間にも注意を払う一方で、自分側のバトナや利害関係を整理し、争点の重要度や譲歩できないポイントを明確にして、優先順位をつけておく。

たとえば、転職先との勤務条件の交渉であれば、「給料は最低いくら以上」「休みは月間に何日」といったラインを決めておく。

そうやってしっかり準備しておくと、**相手はこちら側の意図が読めていない状態で、やみくもに銃を撃つような交渉になるのに対して、こちら側はレーダーで相手の位置を正確に把握しながら、誘導ミサイルでピンポイント攻撃するように、交渉を有利に進めることができます。**

また、「相手は自分のことをこう思っているのではないか?」という分析についても、その見方が本当に正しいか、よく検証することが必要です。

相手が自分の欲しいものについて誤解していることはよくあります。それがわかれば、その誤解を利用することもできるでしょう。

たとえば、労働条件の交渉で、自分は「休みがもっと欲しい」と思っているのに、会社側は「給与を上げてほしいと言ってくるだろう」と誤解していたとします。

その誤解をうまく利用して、「ええっ？　こんなに結果を出したのに、給与が上がらないんですか！　困ったなあ。ではその代わりに、休みを月に1日増やしてもらえませんか？」と提案すれば、会社側もその提案を飲みやすくなるでしょう。

誤解を利用することで、譲歩が引き出しやすくなるのです。

どんなに気まずくても、沈黙に耐えろ

この時間の最後に、交渉時の注意点について、とくに大事なものを2つだけお伝えしたいと思います。

1つ目は、「沈黙に耐える」ということです。

さきほどのロールプレイでは、争点を整理する前に交渉にのぞんだところ、お互いの主

張が平行線をたどってしまいました。

マーケティング部役を務めた男性が、販売スタッフ役の女性の「絶対に部下の労働環境を守る！」という梃子《てこ》でも動かなそうな意志に負けて、あっさりと引き下がってしまい、交渉になりませんでした。

また、交渉をしているうちに両者の条件が譲れないことからヒートアップしてしまい、意見が合わないまま、お互いに気まずくなってしまうことも少なくありません。

すると、その場をとりあえず収めるために「わかりました、じゃあこうしましょう」などと譲歩してしまいがちです。

しかし、そういうときは、気まずくなっても沈黙を守るべきです。

3分でも5分でも、ずっと黙っているようにしてください。

そうするうちに、向こうが気まずくなって「わかりました。じゃあ上司と相談してきます」と折《お》れてくることは少なくありません。

沈黙に耐える、というのはなかなか厳しい努力が必要なのですが、譲歩の引き出し合いを戦っているときには忍耐が大切です。

相手側が譲歩しようとしているときには、辛抱《しんぼう》強く聞き入って、その譲歩によって相手側の利害がどう変化するか、分析することです。そして自分が「譲歩を得ることでどんな利益を得られるか」についても考える。

しかし、その情報を相手に提供する必要はありません。

とにかく相手側の言い分に焦点を当てて、そこに集中することです。

沈黙の逆に、交渉のときに大声で自分の主張を言い募《つの》って、相手に言うことを聞かせようとするタイプの人がいますが、それは賢い交渉者とは言えません。

そういう相手は、自分のバトナが低いために、それを隠そうとして威圧《いあつ》的に振る舞っていることがほとんどです。大声で威圧してくるようなタイプの交渉者に当たったら、逆にチャンスと考えて、冷静に相手の利害を見極めるようにしてください。

「情報の隠蔽《いんぺい》」そのものを取引の道具にする

2つ目の注意点は、「相手が情報を出してこないときは、そのこと自体を利用する」ということです。

交渉では、相手側が意図的に情報を出してこないケースがあります。

中古車のインターネット売買であれば、自分が買う側だったとして、本当に買った車がちゃんと動くかどうか、不安がありますよね。メールで相手側が「この車は問題なく動くから高く売りたい」と言ってきても、何かしらの問題を隠しているかもしれません。「動く証拠をくれ」と連絡しても、「いや、本当に大丈夫です」としか言ってこない。

そんなときは、「その条件を飲むかわりに、保証契約をつけてくれ」と提案してみる。

仮に相手が何かを隠していたとしても、いざというときの保険となる新たな条件をつけることで、リスクを回避できるわけです。

相手側が情報を出さないのであれば、その「情報を出さない」ということ自体を交渉の材料にしたほうがいいでしょう。

それを利用して、金融業界では、本来は数百億円の価値があったものを数億円で手に入れたディールが過去にありました。

それは、ハゲタカファンドと呼ばれた投資ファンド・リップルウッドによる、日本長期信用銀行（現・新生《しんせい》銀行）の買収です。

これは過去最大級に「お得」なディールだったと、投資業界ではいまも言われています。

リップルウッドは日本長期信用銀行の買収提案をした際に、条件として「抱えている不良債権の詳細をすべて明らかにしてほしい」と日本政府にオファーしました。それに対して日本政府は、そんな情報を明かしたら金融不安が広まりかねないと思ったのか、「中身は見せられない」と突っぱねました。

リップルウッドはそれに対してなんと答えたのでしょうか？

彼らは「わかりました。その代わりに安い値段で売却してください。またもうひとつ、われわれが買収した結果、不良債権を抱えている貸出《かしだし》企業がどんどん潰れても、それは情報を聞いていない結果ですから、日本政府が債務《さいむ》を保証してください」という条件を逆提示したのです。

そして、たいへん恐ろしいことに、日本政府はその提案を受けてしまったのです。

その結果、リップルウッドが買収して再生した新生銀行は、たとえ自行の貸出先の会社が潰れても、一定の条件があれば、日本政府が損害を補塡《ほてん》してくれることになりました。

そのため、非常に安い値段で買収したにもかかわらず、市場からは「日本政府のお墨付《すみつ》きがある銀行」と見なされて、無事に株式をＩＰＯ（新規株式公開）することができ、リップルウッドは巨額の株式売却益を得ることができたのです。

この例でわかるように、交渉相手が情報を出したがらないときでも、そのこと自体を自分たちに有利な方向に持っていけるわけです。

逆に言うと、**交渉において情報を意図的に出さない、隠蔽するということは、のちのちに不利な条件を突きつけられる危険性が高まるということになります。**

「フェアであることの大切さ」を訴える

新生銀行の買収のときにリップルウッドが提示したような条件のことを、法的には「瑕《か》疵《し》担保条項」と呼びます。

リップルウッドが買収をしたあとで貸出先の会社が倒産したときには、この瑕疵担保条項を発動させるためにわざと会社を潰したのではないか、などという噂もありました。

それが本当かどうかはわかりませんが、「情報を出さない」ということが交渉に致命的な不利をもたらすことがある、ということが、この新生銀行のディールからわかっていただけると思います。

個人の給料交渉の場合でも、会社側と一従業員の間には、大きな「情報格差」があるでしょう。

会社の運営にかかるコスト、会社全体の利益、社長をはじめとする役員の報酬などは、上場企業であれば公開義務がありますが、ふつうの中小企業の場合、すべての数字を把握しているのはごく一部の人間にかぎられます。

だから、「社員の給料を上げたいとは思っているんだけれど、会社も厳しいんだよ」と言われると、一般の社員は判断がつかないので、黙らざるをえなくなってしまいます。

給料交渉では、ほとんどの場合、その数字をよく知る経営者や総務責任者が交渉相手となりますから、最初からかなり不利な立場に置かれるわけです。

だから、本気で給料を上げたいのであれば、まずできるかぎり客観的な数字をもとに、全社がどれぐらいの利益を年間にあげているのか、考えてみることです。

そのうえで、相手に「これぐらい儲かっていますよね？」と突きつけてみる。

それでも相手が情報を出さない場合には、**「フェアであることの大切さ」を訴える、という手法もあります。**

「役員の方々も僕も、言ってみれば同じ船に乗っている船員《せんいん》ですよね。自分もより会社に貢献したいと思っているので、船の状態をきちんと知ったうえで、どれぐらい頑張ればいいのか知っておきたいんです。それが会社と従業員のフェアな関係ではないですか？」と伝えてみる。

相手側は「情報を教えてしまったら無茶なことを言ってくるのではないか」とある意味

で怯《おび》えているから情報を出さないわけです。だから事前に「より貢献したいから情報を出してほしい」と伝えて、会社側の不安を取り除いてあげる。

会社側にとってあなたが絶対に必要な人材であれば、交渉のテーブルにつかざるをえなくなるはずです。

4時間目で手に入れた「武器」

★交渉は最初のアンカリングで決まる。

★無条件の譲歩は絶対にしない。

★「相手にとっては価値が高いが、自分にとって価値が低い」ものを譲歩する。

★ゼロイチ思考に陥るな！

5時間目　「非合理的な人間」とどう向き合うか？

わからず屋の相手とケンカをしても、意味はない

4時間目までは、「合理的な人間との交渉」について説明してきました。

合理的な人間とは、ものごとを合理的・論理的に判断して、自分にとって明らかに有利な条件で合意を結ぶような人のことを指します。

しかし世の中には、きわめて感情的で、そのときの気分によって大きく判断を変えてしまうような人もたくさんいます。

どう考えてもこちらの譲歩を受け入れたほうがいいのに、正常な損得の判断がつかず、逆に突然、怒り出してしまうような人もいるでしょう。

そういった「非合理的な人間」とどう向き合えばいいのか？

この時間では、彼らに対する対処法を学んでいきたいと思います。

非合理的な人間というと「まったく話が通じない困った人たち」というイメージを抱く

かもしれませんが、あらゆる人間には合理的な面とともに非合理的な一面もあります。

だから、「非合理的な人間との交渉」について学ぶことにも、大きな意味があるのです。

まず、自分自身がそういった非合理的な交渉者になっていないかどうか、チェックをすることができるようになります。

「相手の態度にムカついた！」といった理由で、感情的になってしまった結果、得られる可能性があったものが手に入らない。そういうことは日常生活でもビジネスシーンでもよくあることでしょう。

どういう交渉が非合理なのか、パターン化して理解することによって、**自分の行動が非合理的になっていないか、それによって大きな損をしていないか、客観的に分析できるようになるわけです。**

そして、これがいちばんの主眼《しゅがん》ですが、相手が非合理的な主張をする交渉者だった場合に、個別に有効な対策をとることができるようになります。

弱点をつくことも可能でしょう。

相手がどれほど非合理であっても、大切なのは、その交渉によってどれだけ大きな実《みの》りのある合意を結べるかです。

交渉は、相手とケンカをしたり仲良くなるために行うのではありません。

あくまで、結果としての「合意の内容」に意味があるのです。

それではここから、具体的な例を挙げながら、順番に考えていきたいと思います。

6タイプの「非合理的交渉者」

ビジネスにおいては、相手がイヤな奴、変な人だからといって、無視したり逃げ出したりすることはできません。

学校だったら、そういった人間とは距離を置けばいいでしょうが、仕事ではビジネスのためにそうした人間ともつき合わないといけないのです。

では、さっそくつぎの問題にチャレンジしてみてください。

練習問題

あなたはある企業に勤める、新製品開発の担当者です。

自社の業績を大きく左右する新製品の開発に必要不可欠な特許を持っている大学の教授と、ライセンシングの交渉を行っています。

その特許がなければ、新製品を発売することは不可能です。

そして、その特許の中身を分析してみると、自分たちの会社以外、その特許は使い道がありません。合理的に判断すれば、こちらが多少でも報酬を支払えば、教授は特許の使用を許可してくれるはずです。

しかも、価格に関しては、相場の金額をやや上回る額を提示することにしました。

ところが、それにもかかわらず、この交渉は決裂してしまいました。

なぜこの交渉は決裂してしまったのか？

思いつくかぎりの理由を考えてみてください。

考える時間：5分間

みなさんも過去に「どうしてこんなにも、この人には話が通じないのだろうか？」と不思議になるような相手と話し合った経験があるかもしれません。会社の上層部の頭が固くて、ぜんぜん自分の意見が聞き入れられなかった、といった苦《にが》い経験もあるでしょう。

そういった人たちの記憶を思い出しながら、「なぜ彼らはそういう思考をするのか？」と想像してみてください。

会社に勤めていれば、「クレーマー」と呼ばれるような人とも対峙《たいじ》することになります。彼らが「クレームをつけることをやめることに合意する」ように、仕事として交渉しなければならないのです。

クレーム処理も交渉のひとつだと考えると、「ワケのわからない主張をする人々がなぜそのような主張をするのか？」、そして「彼らに合意してもらうためには、どういう交渉を行えばいいのか？」について知っておく必要性が理解できると思います。

この問題を学生に出したところ、

「『あまりに話がうまいので信用できない』と思われて、聞く耳を持ってもらえなかったのではないでしょうか？」

「担当者の話の内容ではなくて、印象が悪かったので断ったのでは？」

「経済的なメリットよりも、自分の研究に対する思い入れや価値観を理解してもらいたかったのに、ただお金の話ばかりされて怒ってしまったのかも」

「自尊心が強いタイプで、『この特許はもっと評価されるべきだ』と思い込んでいるから」

といったように、「感情的になったから」「相手の会社（または担当者）が嫌いだから」「価値観やプライドを理解してもらえなかったから」などの理由が挙がりました。

どの答えも間違いではありません。

私の分類では、こういう非合理的な主張をする人には、大きく分けて6タイプいます。

①「価値理解と共感」を求める人
②「ラポール」を重視する人
③「自律的決定」にこだわる人
④「重要感」を重んじる人
⑤「ランク主義者」の人
⑥「動物的な反応」をする人

最低限この6つのタイプさえ押さえておけば、「非合理的な人間」の大半には対処することができるようになるはずです。

これから順番に解説していきたいと思います。

①「価値理解と共感」を求める人

自分だけの独自の価値観、あるいは個人的な信念を並外れて持っていて、利害関係よりも重視するタイプの人がいます。

人間には誰にでも、大切にしている自分だけの思いがあるものです。

しかし、**交渉者が相手のその価値観にまったく共感できないときに、大きな問題となります。**

そのような人物について、ハーバード大学のある教授が、以下に述べる「アンデスの職人」の例で説明しています。その教授の体験にもとづいた実話であり、こういったタイプの人間に対してどう交渉すればいいか、示唆《しさ》に富んでいます。

あなただったら、いったいどう答えるでしょうか？

ちょっと考えてみてください。

練習問題

アンデスを旅行したときに、教授は旅先のお店で複雑な木の工芸品を見つけて、とませんでした。そこで、その工芸品をつくった気難《きむずか》しそうな職人に「これを売ってくれ」と頼みましたが、職人は「これはまだ未完成なので売ることはできない」と言って売ってくれません。

そこで教授は「では3日後にまた来るので、それまでに完成させておいてほしい」と頼み、ふたたび3日後に職人のもとを訪れました。

見ると、工芸品には前にもまして素晴らしい細工《さいく》が施《ほどこ》されています。

ところが職人は「残念ながら、この作品はまだ完成していない。ここで渡してしまったら、私の作品と認めることはできない。あと1週間もあれば完成するので、1週間後にまた取りに来てほしい」と言って聞きません。

帰りの飛行機は明日です。とても1週間後に取りにいくことはできません。

また、繊細《せんさい》な加工が施された品を、高い山の上にある職人の仕事場から送ってもらうこともできそうにありません。

そこで教授は「あること」を伝えることで、職人から無事にその工芸品を売ってもらうことができました。

教授はなんと言ったのでしょうか？

考える時間：3分間

さて、気難しい職人のプライドを傷つけないようにしつつ、工芸品を持ち帰るためには、どういう話をすればいいと思いますか？

私の授業では、学生たちからつぎのような意見が出ました。

「その職人さんは自分の腕前に誇りを持っていると思うので、『いまの作品をとりあえず持ち帰らせてほしい。そして、あとでもうひとつ完成品をつくってくれ。その2つを見比べることであなたの素晴らしい腕前がよりわかる』と主張すればいい（もちろん、帰国するのであとで完成品を取りにいくつもりはない）」

「職人の役割は、広く世の中に自分の作品を問いかけることにもあると思うので、『いまここで私に渡さないのは、あなたにとっても大きな損害だ』と説得してみる」

どちらも相手の利害に焦点を当てているので悪くない回答だと思いますが、「あなたの職人魂に感動した。だからその職人魂を最大限に尊重したい」というところから、この交渉は始まると想定してください。

答えを言うと、その教授はこう言ったそうです。

「私は各国でよくお土産《みやげ》に工芸品を買うが、あなたのようなことを言う職人に出会ったのは初めてだ。私はあなたの職人魂に、とても感動した。

その感動をいつまでも覚えておきたい。

そのためにはどうすればいいか考えてみたら、ひとつの答えが出た。

ぜひ、この〝未完成の作品〟を持ち帰らせてほしい。私の家に遊びに来た人間は、この未完成の作品を見て、きっと『素晴らしい出来栄《できば》えですね』と褒《ほ》め称《たた》えるだろう。

そこで私は、あなたの思い出と職人魂について語りたいと思う。

そして、『アンデスにはこの作品でも未完成とするぐらい、自分の仕事にプライドを持った職人がいる』ということを、私の友人や、私の子供に語り続けたいと思う。

そのためには、完成品ではなく、この未完成の品を持ち帰らなくてはならない――」

いや、これは本当に素晴らしい答えだと思います。

教授のこのセリフに職人は心を動かされて、「そこまで言うのならば仕方がない」と、その未完成の品を売ってくれることになったそうです。

つまり、**「職人のプライド」という、彼が経済的メリットを無視してでも守ってほしいと思っている価値だけにフォーカスし、かつ、その誇りを最大限に表現するためには「未完成品を持ち帰ったほうがより効果がある」と主張して、合意を結んだというわけです。**

これがもし「これで十分な完成度ですよ」とか、「そんなことを言っているから儲からないんですよ」などと説得していたら、交渉は決裂していたでしょう。

この実話は、**合理的ではない相手と交渉するときには相手の価値観に合わせなければならない**、ということを教えてくれます。

ビジネスでは、いろいろな価値観の交渉相手がいます。

会ってすぐに、いきなり本題に入ることを好《この》む人もいれば、最初に会ったときは「今日はご挨拶《あいさつ》だけです」と世間話に終始し、何度か無駄に思えるミーティングをして、お互いに打ち解けたところでようやく本題について話すことを好むタイプもいるでしょう。

こちらとしてはすぐに本題に入りたくても、相手がそうでなかったら、まずは相手に合わせるのがいちばんです。

交渉は「話を聞く」ことが大切であると合理的な交渉のところでも述べましたが、**相手の大切にしている価値観がどういったものであるかを把握するために、まずは相手に話をさせましょう。**

それをじっくり聞きながら、ポイントだと思うところで質問をして、相手の価値観を探っていくのです。

〈「価値理解と共感」を求める人とどう向き合うか?〉

まず、相手の価値観に合わせる

相手の価値観は変えられない

相手の言動《げんどう》からその人の価値観を探っていくときのポイントとして、**「人の価値観とは固有のものであり、それを他人が変えることはできないから、認めるしかない」**ということを押さえておきましょう。

アンデスの職人でいえば「この職人は頭がおかしいから、こっちの合理的な話が通じないんだ」と思ってしまってはいけない、ということです。

ここで私が思い出すのは、サントリーの缶コーヒー『BOSS』のコマーシャル・シリーズ（「宇宙人ジョーンズの地球調査シリーズ」）です。

そのコマーシャルでは、地球人のふりをした異星人（トミー・リー・ジョーンズ）が、日本の一般社会に溶《と》け込もうとしています。そして、まわりの様子を観察しては、私たち日本人があたりまえと思っている事柄について別の立場から光を当てて、最後に「この星にはこういう慣習がある」と冷静に分析します。

私たちも交渉では、そのコマーシャルの宇宙人ジョーンズのように、冷静な分析者として振る舞わなければなりません。

どれほど自分の価値観と距離がある相手であっても、「彼らの価値観にはそれなりの理由があるんだ」ということを理解して交渉の場にのぞみ、それを前提として作戦を立てるのです。

他人の価値観を変えるのは、はっきり言ってほとんど不可能です。

交渉相手が数十年かけて培《つちか》ってきた価値観を、もしも一瞬のうちに変えることができる才能があるのであれば、いまやっている仕事を即《そく》辞めて、宗教家になることをお勧めします。

そうでなければ、相手の価値観の変更はできない、ということを前提に交渉にのぞんだほうがいいでしょう。

違う人間同士なのですから、価値観は違って当然です。相手に真に共感すること、というのもめったにありません。

しかし交渉相手も、「この相手は自分の価値観に共感しようとしているな」という態度はわかります。あなたがそういう共感的な姿勢をとることに対して、相手も「それならば話を聞こう」と思ってくれるのです。

〈「価値理解と共感」を求める人とどう向き合うか?〉

相手の価値観を変えようとは絶対に思わないこと

上司を敵にして、相手と共犯関係になる

相互の価値観が大きく異なるときに使えるテクニックに、「共犯関係になる」という方法があります。

人は自分と価値観が違う相手、つまり「よそもの」に対して、どうしても「敵意」を抱きがちです。交渉においても、自分が相手から「よそもの」と見なされ、敵意を持たれてしまってはうまくいきません。

しかし、**その「よそもの」に対する敵意を「外部の人」に向けることで、相手と同盟関係のようなものを結ぶことができます。**

たとえば自分が営業マンだったとして、取引先に難題を言われたときに、「いやまったく仰《おっしゃ》るとおりです。私個人としてはそのとおりだと思うんですが、うちの上司がわからず屋なのでご希望が通らない可能性があります。上司を説得するために、こんなことができませんか?」と提案してみる。

この場合は、わからず屋の上司という「よそもの」を設定することで、相手との共犯関係をつくろうとしているわけです。

この手法は、小さな会社が伝統的な大企業と取引したいときなどにも有効です。

自分がウェブの新しい広告サービスを提供するITベンチャーの営業マンをやっていて、大企業の宣伝部にそのサービスを売り込みたいと思っている。相手側の宣伝部には、若手の担当者と、その上司で決裁権を持っている部長がいる。

そのようなときには、大企業の若手担当者を自分の「共犯者」にすることを狙ってみるといいでしょう。

「このサービスを使えばウェブの世界で必ず面白いと話題になります。2人でなんとか部長を口説《くど》き落としましょう！」と持ちかけてみるのです。

このように「共犯関係」をつくることは、**明らかに企業文化が違う相手と交渉をするときに、効果を発揮することがよくあります。**

覚えておいて損はないでしょう。

〈「価値理解と共感」を求める人とどう向き合うか?〉

共通の敵を設定して、共犯関係になる

②「ラポール」を重視する人

さて、非合理的な交渉者の2つ目のタイプは、「ラポール」を重視する人です。

ラポールとはフランス語で「橋をかける」という意味で、臨床心理の場で、緊張せずにリラックスして振る舞える状態になるために、セラピストとクライアントとの間に信頼関係を生み出すことを「ラポールを築く」と言います。

心理学の研究では、以前から顔や存在を知っていたり、なんらかの共通の基盤《きばん》がある人には説得されやすい、ということが明らかになっています。

一方で、「よそもの」や知らない人とは、たとえ良い話であっても取引を行わないというタイプの人は珍しくありません。

交渉においても、このラポールがきちんと交渉相手と自分との間に築けていると、話し合いがとてもスムーズに進みます。相手のバトナを聞き出すのも、たやすくなるでしょう。

しかし、ラポールを短期間で築くのは、なかなかむずかしいのが実情です。

どうすれば相手との間にラポールを築くことができるのか？

ここでは、私が日頃からもはや無意識的に行っている5つの「カンタンな方法」をご紹介したいと思います。

1つ目は、**「好意の返報性《へんぽうせい》」という人間心理に働きかけることです。**

「この人とはどうしても信頼関係を築きたい」と思ったら、まずはその人のことを心から好きになってみる。

そうすると、自然にそれが自分の態度に表れ、相手にも伝わります。

みなさんも学校で「あの子、君のことが好きみたいだよ」と言われて、急にその人のことが気になってどぎまぎするようになった経験はないでしょうか。

人は誰でも、自分のことを好きだと思ってくれている人に対しては、自然と好意を抱くものです（もっとも、一方的な好意が行き過ぎては逆効果となることもあるので、要注意ですが）。

非合理的な相手であっても、「なんだこいつは!?」と思わずに好意を持つこと。

コツとしては、9割のダメな部分ではなく1割の良い部分にフォーカスして、そこを好きになってみるといいでしょう。

そして、その好意を何気《なにげ》なく伝えることによって、相手との間にラポールが築け、合意が結びやすくなるのです。

2つ目の方法として、**「スモールギフトをおくる」というのも効果的です。**

これは、「好意」を具体的な方法で相手に示すという行為になります。

男性であれば、バレンタインデーのときにたとえ義理チョコであってももらえたら、けっして悪い気はしません。

スモールギフトは、チョコのような「モノ」でなくてもかまいません。相手がこれまでに行ってきた仕事や、持っているスキルに対して「すごいですね。尊敬します」などと賞《しょう》賛《さん》の言葉をおくってあげる。

これも立派なギフトとなります。

たとえ相手がクレーマーのような人物であったとしても、たとえば「そのようなことにお気づきになったのは、お客様が初めてです。すばらしいですね」と伝えることで、「おう、よく俺のことがわかってるじゃないか」とラポールを築くことができるようになるのです。

3つ目の方法として、年齢、血液型、兄弟構成、居住地、出身地、出身校、地位、病気、ペット……なんでもいいので**相手と似た境遇にあることを発見して、それを会話の糸口と**

するというやり方があります。

これは営業マンの基本というか、常套手段《じょうとう》ですが、バカバカしいように見えて意外と効果があるのです。

「出身地の話なんて前近代的でイヤだな……」と思う方もいるかもしれませんが、互いに共通するバックボーンを持っている人間同士は心理的なハードルが下がる、というのは学術的にも証明されています。

効果があれば、前近代的でもなんでもいいのです。

知り合いのトップ営業マンは、47都道府県すべての名産品と甲子園常連校の名前を覚えていて、客との会話に多用していました。

「あっ、富山県ご出身なんですね。富山といえば、このあいだ雑誌で〝ブラックラーメン〟というものがあるのを知って、どういう味なんだろうとすごく気になっていたところでした。寒《かん》ブリも白《しろ》えびも美味しいし、すごく良いところですよね」

たとえばこんな感じです。

すごい努力だと思いましたが、慣れれば自然とできるようになると言っていました。ぜひみなさんにもお勧めしたいと思います。

世の中には、最初から仲の良い友達のように振る舞うことを好む人がいます。

4つ目として、**そういう人とは「相手の好む話し方でつき合う」という方法があります。**

私の経験では、ベンチャーから巨大企業へと成長した某有名IT企業に、別の会社の買収を提案しにいったときに出てきたCFOが、この「友達」タイプでした。

初めて会って名刺交換してから15秒で「瀧《たき》ちゃ〜ん、うちがお金ないの知ってるでしょ？」と話しかけてくる、やたらとフレンドリーな人だったのです。

そして、そういう友好的な言葉とは裏腹に、逆に「うちが持ってるベンチャー買ってよ〜」とこちらに売りつけてこようとしてくる、油断のならない人物だったことをよく覚えています。

おそらくその人は、友達タイプでの交渉による成功体験をたくさん持っていたのでしょう。ある種の人たちにはそういう話し方が好まれる、ということです。

心理学の基本に「類似性による好意」というものがあります。**人は自分と似ている人に好意を抱く、ということです。**

相手が友達タイプであることがわかれば、相手と同じ話し方、もしくは、いつもよりは多少くだけた話し方にシフトすべきでしょう。

しかしこの「友達話法」は、タイプによっては逆に嫌われることもあるので、やはり相手がどういう人間であるかをしっかり分析したあとで使わなければなりません。

さて、最後の5つ目の方法として、**交渉におけるプロセスで「共同作業の時間を持つ」というのも、ラポールの形成には大きな効果があります。**

たとえば営業の担当者が、ほとんど受注している段階において、あえてすぐに契約を締《てい》結《けつ》せずに「最終的な稟議書《りんぎしょ》を一緒に書きましょう」とクライアント側の担当者に提案する。

そうすることで、相手に「この契約は自分たちが成し遂げた仕事だ」と思ってもらうことができ、その後の関係が強化されます。

このように、交渉のプロセスにおいてわざと関係構築のための中間段階を設けることも、友好的に話し合いを進めるのに役立ちます。

共同作業で何をするかは、とくに重要ではありません。

一緒にモノを運ぶといったカンタンな作業でも、「この人と自分は共通の目標に向かっている」という親近感を育《はぐく》むことができます。

以上のように、ラポール形成のためのテクニックについてざっと説明しましたが、テクニックはあくまでもテクニックにすぎません。

この5つの方法を実際に試したからといって、すぐに効果が出るわけではないのです。

私自身、ひとつの交渉をまとめるために、何カ月、ときには何年もかけて、相手との間にラポールを築く努力をしています。

よく書店には「一瞬で相手を信頼させる50の方法」みたいな本が並んでいますが、ラポールを瞬時に築くのは、催眠術でも使わないかぎりは不可能でしょう。そういう方法も実際にあるのかもしれませんが、催眠術師を目指すのでなければ、**相手との関係構築にはそれなりの時間と労力がかかる、ということをよく覚えておいてください。**

交渉にも、近道はないのです。

〈「ラポール」を重視する人とどう向き合うか?〉

時間をかけて「ラポールを築く」努力をする

1. 相手に好意を伝える　2. スモールギフトをおくる　3. 相手との共通項を

③「自律的決定」にこだわる人

さて、非合理的な交渉者の3番目は、「自律的決定」にこだわる人です。

これは、**客観的に見たときに自分の判断が正しいかどうかより、「自分で決めた」ということのほうに重きをおくタイプのことです。**

交渉中に「話がうますぎる」と頻繁に疑う人は、このタイプであることが多いでしょう。「自分は騙されているんじゃないか」とすぐに考えて、人から意見されること自体を好みません。

彼らはよく交渉の途中で「そんな話は聞いていない」「急に言われてもわからない」などと言います。

何よりも「自分で決めている」という感覚が欲しいのです。

交渉相手がそういうタイプだった場合は、説得することを諦めたほうがいいでしょう。

説得しようと思うと、「騙そうとしているのではないか」「うまいことを言って、言いくるめようとしている」と、ますます頑《かたく》なになりがちです。

こういうタイプには、**相手が自分で判断・決定するための材料を提供することに徹《てっ》することが有効です。**

つまり、「うちは無理に売り込もうとは思っていません。ご検討のための材料をお伝えしますので、ご判断ください」というスタンスを取るのです。

「説得されるのがイヤだ」という人には2種類います。

リテラシーが高い人と、リテラシーが低い人です。

リテラシーが高い人は、自分の頭の良さや判断力に自信を持っているので、できるかぎりたくさんの情報を集めたうえで、自分で判断して決定したいと思っています。

そのため、**リテラシーの高い人ほど、ひとつの物事に対してプラスとマイナスの情報を「両面提示」されることを好みます。**

合理的な交渉の基本にのっとり、相手の利害に焦点を当てて、「あなたにこんなメリットがありますよ」と伝えても、「そんなことを言っていても、じつはあなたのメリットのほうが大きいんじゃないか？（ウィンウィンといっても、そっちはビッグウィンでこっちはスモールウィンじゃないのか？）」と冷静に疑ってきます。

だから、そういうタイプに対しては、自分のメリットや相手のデメリットについてもあえて伝えることで、「この人なら信用してもいいかな」と思ってもらえる可能性が高まります。

「あなたはこっちの点については得をしますが、じつはそっちの点については損をすることになります」「じつは今回は、私どものほうがより利益を得るかたちになってしまうのですが、つぎの機会には〇〇するので、ご了承いただけないでしょうか」などと、相手が手強《てごわ》い交渉相手のときには、率直にプラスとマイナスの両面を伝えたほうがいいのです。

とはいえ、日本人は国民性からか、自分のメリットについてはなかなか言い出せないことがよくあります。

アメリカ人の場合は、「あなたにはこういうメリットがある。私にはこういうメリットがある。だからフェアであって、合意すべきだ」などときわめてロジカルにやり取りすることが多いのですが、**日本人の場合は、自分にメリットがあることを伝えると相手に嫉妬《しっと》されたり邪魔されるんじゃないかと疑って、なかなか切り出せないのです。**

ロジカルに考えれば、たとえば東京ディズニーランドのファストパス（並ばずに乗り物に乗れるチケット）をお金で買えるようにすれば、購入者は「お金」を失うことで「時間」を得ることができるのでフェアだと思うのですが、そんなことをすると「金持ち優遇だ。けしからん」「みんなで平等に並ぶべきだ！」と言って、足の引っ張り合いになることは目に見えています。

みんなで小ちゃいパイを取り合って平等に不幸になるより、パイ全体を大きくする工夫や努力をすること。そして、各々《おのおの》の立場の人間が他人とは違う幸福を追求することを「許容する」ことこそが、いまの日本では必要ではないでしょうか？

私は強く、そう思うのです。

少し話が逸《そ》れてしまいましたが、リテラシーの高い人ではなくリテラシーの低い人のなかにも、自分で決めることに固執《こしゅう》するタイプがいます。

過去に何かしらの交渉事において、相手に騙されて損をするなどの経験をしたことが原因で、「オレはなんでも自分で決めることにしているんだ」と頑固《がんこ》に考える人は少なくありません。

そういう人は、**マイナスの情報には「やっぱり騙されるんじゃないか」と過敏《かびん》に反応し**

がちですので、「片面提示」といって、デメリットには極力触れずにメリットのみを強調したほうが説得できる可能性が高まります。

自動食器洗い機を例にとると、「これを導入すると、水道代が大きく節約できます！」といったメリットだけを伝えて、「電気代がかかる」といったデメリットについては語らない。

そういった話法が有効なのです。

〈「自律的決定」にこだわる人とどう向き合うか？〉

相手を説得しようとはせずに、判断するための「情報だけ」を伝える

④「重要感」を重んじる人

相手が自分のことを「より重く」「より大切に」扱ってくれることにこだわる人がいます。

そういうタイプは、相手がちょっとでも軽く扱っているようなそぶりを見せると「俺のことを馬鹿にしているのか！」と怒りの感情を爆発させたりする。

よくお店の店員などに対して「こっちは客だぞ」などとクレームをつけている人がいま

すが、そういう人との交渉はたいへんです。自分のことを大切に扱ってほしい、という思いが強すぎるために、それがないがしろにされると過剰反応してしまうわけです。

人は自分が軽く見られていると感じると、激しい怒りを覚えるものです。ですから交渉においては、すべての人に対して尊敬の念をもって丁寧《ていねい》に接することが大切になります。

これはあたりまえのことでありながら、じつはできていないことがけっこうあります。

とくに交渉相手がクレーマーのような人物だった場合、相手に尊敬の念を持ち続けるのはかなり困難ですし、自分も「戦闘モード」に入りがちです。

以前、ある大手電機メーカーの相談窓口の人間が、クレームをつけてきた消費者に対して「おまえみたいなのをクレーマーって言うんだよ」と発言したのを録音されて、ネットにアップされたことが大問題となりましたが、たとえどんなに相手がイヤな人間でも、表面的には冷静に敬意をもって接することが、のちのちの交渉を有利に進めるうえでも大切になってきます。

向こうの言っていることがどんなにむちゃくちゃな論理に見えても、「その背後にはそれなりの理由があるはずだ」と信じて、とりあえず相手の話をちゃんとぜんぶ聞く。

そうしないと相手はますます意固地《いこじ》になり、交渉どころか取り付く島《しま》もない、ということなりかねません。

交渉相手に丁寧に接することは、土地の買収交渉のようなケースでは必須です。

東京ディズニーランドは千葉県浦安《うらやす》の広大な埋立地《うめたてち》に建てられましたが、その埋め立ての交渉は多難でした。もともと浦安は、山本周《しゅう》五郎《ごろう》の『青《あお》べか物語』という小説の舞台にもなっている漁業の町で、埋め立てを予定している海を漁場《ぎょじょう》とする、多くの漁業関係者が住んでいたからです。

ディズニーランドの建設のために海を埋め立ててしまえば、漁業に多大な影響があることは確実で、漁《りょう》で収入を得てきた彼らの生活が脅《おびや》かされることになります。そのため、地元の漁業関係者の多くは、ディズニーランドの建設に真っ向から反対していました。

土地の買収に当たったオリエンタルランドの担当者は、「板子《いたご》一枚下は地獄」と言われる海で生きてきた荒っぽい漁師たちのところへ単身乗り込み、彼らの多くに漁業権を放棄してもらうという、たいへん厳しい交渉に当たらねばなりませんでした。

カルチャーも価値観もまったく違う漁師たちに、「じつはアメリカのディズニーランドという遊園地を持ってくるために、海を埋め立てたいと思っていまして……」とかしこまって行ったところで、「なんだ貴様は！」と相手にされないどころか、下手をすれば殴《なぐ》られかねません。

そこで買収担当の人間は、自分から彼らの生活に入りこみ、認めてもらうことを第一の目標として、一升瓶《いっしょうびん》を持って連日のように漁師の実力者たちのもとに通いました。湯飲み茶碗で大酒を酌《く》み交《か》わし、ときには赤ちょうちんや料亭で漁師たちを接待して、姿格好から立ち居振る舞いまで、懸命に溶けこもうと努力したそうです。

そうやって丁寧に長い時間をかけて担当者は漁師の人々から信頼を勝ち取っていき、最終的にディズニーランドを日本に誘致するという巨大なプロジェクトを実現することができたわけです。

土地買収に絡《から》む同じような話はたくさんあります。

東京の六本木ヒルズの用地買収も、たいへん長い時間をかけて行われたプロジェクトでした。現在のヒルズがあるあたりの地域には、もともと江戸の時代からの住人がたくさん暮らしており、彼らの家が密集していました。

それらの家を一軒一軒訪ねて、長い時間をかけて丁寧に説得していったのはもちろんですが、森ビルの担当者たちは地域のお祭りや催《もよお》し物にも積極的に参加し、住民たちの地域への思いを理解しようと努めたそうです。

森ビルや六本木ヒルズというと、何かすごくスマートにビジネスを進めていそうなイメージがありますが、**じつはそんなふうに背後では、ものすごく地道で、相手の感情に配慮した営業努力をしているわけです。**

口だけの賞賛は必ずバレる

相手の重要感を満たしてあげることが実際の交渉の結果を左右する――そういったことは本当によくあります。

某大手ＩＴ企業が、ある分野でとてもうまくいっている会社を買収しようとしました。ところがそのＩＴ企業は社長がケチで、すごく安い値段で買収相手を買い叩くことで有名でした。

その買収交渉も、いざ始まってはみたものの、売り手側・買い手側、両者の考える価格の差があまりにも大きく、話し合いは平行線をたどったまま決裂寸前となっていました。

しかし、ある出来事がきっかけで、話は急にまとまります。

買収の対象となっていた会社は地方にありました。そのため、売り手の社長は出張で東京に出てきており、買収側が用意したホテルに宿泊することになっていました。

その社長は、平行線のまま終わった交渉のあとで、ホテルに戻りました。そして部屋に備《そな》え付けの冷蔵庫を開けてみたところ、彼が好んでいた清涼飲料水のボトルが冷蔵庫いっぱいに入れられていたのです。

それを見て彼は「この話に乗ろう」と決めたそうです。

客観的には「ちょっと安すぎるのではないか」という条件だったのですが、結局その清涼飲料水の気配りが功《こう》を奏《そう》して、合意にいたることになりました。

これは、買収側の担当者が、事前に交渉相手の社長の飲み物の好みを把握していたからできたことです。

このように、**交渉相手の趣味嗜好《しこう》などを把握しておいて、それを満たしてあげることで「この人は自分のことを重要だと思ってくれている」と印象づけることができます。**

少しいやらしいテクニックに聞こえてしまうかもしれませんが、どうしても交渉を前に進めたいときには、とても有効な手法でしょう。

みなさんも、好きな異性が「これが好き」と言ったら、ちゃんと覚えておいて、折《おり》に触れてプレゼントしたりするのではないでしょうか？　それは、なんとか自分のことを好きになってもらうためというより、相手の喜ぶ顔が見たいからということが多いはずです。それと同じ気持ちを交渉相手に対しても持てるように意識してみるだけでも、結果は違ってくるでしょう。

自分に対して尊敬の念をもって接しているかどうか、交渉相手は瞬時に見抜きます。それは、人間が本心で考えていることは必ず何かしらの形で外に出るからです。

人間は言語的なメッセージよりも「非言語的なメッセージ」のほうに、より敏感に反応します。いくら言葉で「ぜひお願いします!」「すごくいいですね」「天才じゃないですか⁉」などと言っても、本心からそう思っていないと、相手には必ず「こいつは腹では違うことを考えているにちがいない」「テクニックで言っているな」とバレます。

表面的な態度や口に出して話される言葉よりも、顔の表情や声のトーンや立ち居振る舞いなどが雄弁《ゆうべん》に本心を語るということはよくあることです。

自分が重要に扱われているかどうかに関してセンシティブである人ほど、そういう態度には敏感です。「口ではうまいことを言っているけど、こっちを騙そうとしているな」と思われかねません。

ですから交渉では、**口でどう相手をうまく言いくるめるかではなくて、非言語的なメッ**

セージで相手に何を伝えるのか、を意識したほうがいいでしょう。

〈「重要感」を重んじる人とどう向き合うか?〉
本心で、丁寧に、敬意をもって、相手に接する

反応速度は超重要

一見バカバカしく思えることですが、**超重要事項として、交渉では「反応速度を速くする」ということも大切になってきます**。

仕事のメールをもらったのにいつまでも放っておいたり、電話の伝言をそのままにしておいたりすると、一発で相手は「この人は自分のことを軽視している」と感じます。

あなたも逆の立場であれば、そう思うはずです。

どんなに忙しくても、すぐ反応する。逐一《ちくいち》、対応する。頻繁に連絡する。

本当に時間がなくて返事ができないときは、電話でひと言伝えたり、2、3行のメールでもいいので、「あとでちゃんと折り返します」と伝えなくてはなりません。

これが、交渉を有利に進めるうえでも絶対的に重要です。

「そんなのたいした問題じゃないでしょう?」と思われるかもしれませんが、本当にきわめて重要なので、声を大にしてお伝えしたいと思います。

さきほども述べましたが、自分が重要だと思われているかどうかについて敏感に反応する人（エグゼクティブはほとんどそうです）は、あなたの対応スピードを細《こま》かく観察しています。

「最近、あっちから連絡がぜんぜん来ない」「あいつは挨拶にも顔を出さない」とか「メールを3日間も放置された」などの理由で、重要な仕事の取引が失敗した話は、数限りなくあります。

出版の世界でも、作家は担当編集者のちょっとした振る舞いに異常なほど敏感です。編集者の側はちっともそんなつもりはないのに、「最近、自分が出した本の売れ行きがいまいちだから、あの編集者はちょっと俺を軽んじているのではないか……?」などと怒って暴れる作家は珍しくありません。

そういう人の狙いは「どれだけ自分が大切にされているか」を確かめることです。彼らがワガママを言ったり暴れたりするのも、相手の反応を試すのが目的なのです。

その「ゲーム」に全面的につき合う必要はありませんが、交渉に勝つためには相手の心理の背景を理解することが大切です。

営業マンが意味もなく頻繁に取引先に足を運んだり、「情報提供」などと称《しょう》して連絡をとったりするのも、バカバカしいように見えて、じつはすごく効果があります。

相手が自分にとって重要な交渉相手だと思うならば、できるかぎり反応速度を速めて、連絡を頻繁にとることが大切であることを覚えておいてください。

〈「重要感」を重んじる人とどう向き合うか?〉

反応速度を速めることで、「あなたを大切にしている」ことを相手に伝える

「聞いていない!」「話の順序が違う!」を防ぐために

これは「重要感」を重んじる人に多いのですが、交渉でのトラブルでよくあるケースとして、交渉相手の背後にいる人間が「私は聞いていない」と怒り出すことがあります。

彼らの怒りは「本当の交渉相手は自分なのに、それをわかっていない」という思いから生まれます。

自分がないがしろにされている、というプライドが怒りの原因ですので、彼らに対してもきちんと情報と交渉の経緯《いきさつ》を伝える必要が出てくるでしょう。

ビジネスであれば、交渉相手の上司にもきちんと話を通しておく。「見えない交渉相手」の存在も常に考えて巻き込んでおくべきなのです。

要するに「根回し《ねまわ》」と呼ばれる行為ですが、これは交渉相手が複数いるときには非常に重要です。

その際には、相手側の誰が意思決定権を持っていて、誰にどこまで情報を提示したり相談を持ちかけるべきか、きちんと把握しておく必要があります。

自分がいま交渉している相手が、その交渉における本当の責任者でないケースはよくあります。担当同士でほぼ交渉が終わった段階で急に上司の部長が出てきて、すべてをひっくり返すというのは、ビジネスでは日常茶飯事《にちじょうさはんじ》でしょう。

ときには交渉の相手も本当のステークホルダー（すべての利害関係者）が誰なのか理解していないこともあるので、こちら側でしっかり分析しておかなければなりません。

「上司の〇〇さんにも相談しておいたほうがいいですか？」などと伝えることで、相手の置かれている社内の地位や、会社内部の意思決定プロセスを把握することができるのです。

⑤「ランク主義者」の人

非合理的な交渉者の5番目として、「ランク主義者」の存在があります。

これは日本人に多いタイプで、学歴、所属組織、年齢、肩書き、性別、国籍・民族、文化的背景、出身地……等々、人間のいろいろな属性について独自の序列意識を持っていて、交渉についても「お互いのランクで決まる」と思い込んでいる人たちのことです。

自分よりも上位のランクの人に対しては従い、下位の人には従わない。**私は「名刺じゃんけん」と呼んでいますが、名刺の肩書きを見て相手のランクを把握し、対応を決めるような人たちです。**

年齢の高い人にありがちですが、出身大学を聞いてきたり、どこの都道府県の生まれかなどにこだわる。実にくだらないことですが、そういった人は少なくありませんよね？

その裏返しで、ランクに対して必要以上に反感やコンプレックス、敵対心を持つタイプの人もいます。

たとえば、地方の営業所に本社から上司が派遣されてくると「本社のヤツはぜんぜん現場がわかっていない」などと言って、命令に従わない。あるいは、学歴が高い人に対して

「やっぱりお勉強ができる人は違うねえー」「東大卒じゃ、こんなことバカらしくてやってられないでしょ？」と嫌味《いやみ》を言ったりする。

こういう人も、逆の意味でのランク主義者であると言えるでしょう。

交渉相手がそういう人であっても、けっして感情的になってはいけません。

むしろ「すみません……現場のことがわからないので、いろいろ助けてください」「頭でっかちになりがちで、そんな自分を変えたいと思っているので、ご指導ください」などと相手を立ててあげることで、「悪いヤツじゃなさそうだ」「勉強ができるだけかと思ったら、礼儀もわかっているな」と良い印象を持ってもらい、敵対関係にならずに話を進めることができるようになります。

世の中には、地位や肩書きなどのランクにこだわる人が本当にたくさんいます。

相手のランクが低いと思うと、ぞんざいな態度を取ったり、真剣に取り合わない。

「いまの時代、そんなことを言ってるのは時代遅れですよ」「そんなことより本質を見てください」などと彼らに言っても、ケンカになるだけです。

相手はあなたがそう言っても、「自分の正しい価値観を理解できないのは、こいつのランクが低いからだ」と思うだけです。それぐらい、偏見《へんけん》という心理には根強いものがあります。なので、説得するのは最初から諦めましょう。

ではどうすればいいのか？

簡単な話で、**ランク主義者にはランクで対抗することです。**

ランクというのは自分自身の生来《せいらい》の条件やそれまでの人生の軌跡《きせき》によって決まるので、一朝一夕《いっちょういっせき》に自分のランクを変えることはできません。だから、ランク主義者に対しては、それに見合うランクを持つ人物を仲間に引き入れることがもっとも手っ取り早い対策となります。

要するに、**相手が「こいつには敵《かな》いそうにない」「この人はすごい」と思うだろう人物を、こちらのメンバーの一員にしてしまえばいいのです。**

たとえば、シリコンバレーのＩＴベンチャー企業といえば、ランク主義など関係ないようなイメージがありますが、まったくそんなことはありません。

自社のアドバイザーや取締役に、大手企業の人間や大成功したベンチャーの役員といった「ランクの高い人」をずらりと並べ、投資家に「彼らが出資するなら安心だろう」と思ってもらおうとするなど、ランクに対してすごく気を配っています。

日本長期信用銀行を買収したリップルウッド社のＣＥＯは、日本の銀行の経営陣に比べればまだまだ若い40代前半のアメリカ人でしたが、やはりランク主義者に対してランクで対抗しました。

彼は、アドバイザーに三菱商事の元会長とシティバンクの元会長を引き入れて、「日本のエグゼクティブ層から支持を得ている」とアピールしたのです。

そうすることで彼は日本の古い銀行業界のランク主義者に跳《は》ね返されることなく、日本長期信用銀行の買収という大きなディールに成功することができました。

人は相手をレベルではなくラベルで判断します。

その人のことをほとんど何も知らないのにもかかわらず、その人が持っている属性だけで相手を見てしまうのです。

相手の見た目だけで「この人はおとなしい」「こいつは神経質だ」と決めつけてしまうことも多々あります。

そういった場合、バイアスがかかって「この人はどういう人で、どういう考え方を持っているのか？」と正常に相手のことを分析することができなくなってしまい、交渉にも大きな支障《ししょう》をきたすので、よく注意しなければなりません。

〈「ランク主義者」とどう向き合うか？〉

高いランクの人間をメンバーの一員に引き入れる

ランク主義をぶちこわす方法

ランク主義者には、「自分が大物であること」を自認している人がけっこういます。

逆に言うと、大物であればあるほど、ランク主義者である確率は高まるのです。

しかし、彼らには大きな特徴があります。相手の社会的ランクを重視する一方で、「世の中的に重要である」ことに対しては、相手のランクを無視して支援したりもするのです。

これは、平《ひら》たく言うと**「おまえは見所がある若者だ、と思われたら勝ち」ということです。**

ガイダンスでも少し述べましたが、明治維新を成し遂げた志士と言われる人たちも、坂本龍馬をはじめとして、当時の社会的なランクに背を向けて、自分が属していた藩を脱藩した若者ばかりでした。

お金もなければ社会的なバックボーンもない。

そんな彼らが、なぜ幕府や薩長のような大きな力を持つ勢力と対等に渡り合うことができたのかといえば、それは「尊皇攘夷《そんのうじょうい》」や「開国」といった、彼らの掲《かか》げる壮大なビジョンがあったからです。

ランクを超えて社会的に重要な問題があり、その問題の解決のためにどうしてもあなたの力が必要なのです、という頼みに、ランク主義者の一部の人は突然考え方を変えることがあります。

ですから、ランク主義者に出会ったときは、彼らの考えるランク以上の「はるかにでかい絵」を描いて、彼らをその計画に引きずり込む、という作戦は非常に有効なのです。

ランク主義は日本のあちこちに蔓延《まんえん》しているので、何かをやろうと行動を開始すると、ありとあらゆる場でランク主義者と衝突することになるでしょう。

若者同士、内輪《うちわ》で小さくやっているだけならランク主義者と交わることはないかもしれませんが、世の中に大きな変化を促《うなが》すような行動であれば、必ず年長のランク主義者と対峙することになります。

そうしたときに、ここで私が述べたことを頭の片隅において、彼らとの交渉を乗り切ってもらいたいと思います。

⑥「動物的な反応」をする人

さて、非合理的な交渉者の最後のタイプは、「動物的な反応」をする人たちです。意外に忘れがちなことですが、人間も動物の一種です。そのため、その動物としての生理現象が交渉に大きな影響を与えることは少なくありません。

たとえば、交渉をしていると相手がいきなり感情をむきだしにして怒り出したり、泣きわめいたりすることがあります。予想もしないことでびっくりしますが、そんなときは、交渉とはまったく無関係に起きている生理的な感情が、相手に影響を及ぼしているかもしれないのです。

人間も動物なので、「お腹が空いている」「眠くてたまらない」「別のことでイライラしたり、怒っている」「直前まで夫婦げんかをしていた」などのストレス要因があると、それが交渉にまったく関係なくても、精神が不安定となり、ふだんの行動や意思判断ができなくなります。

ですので、**相手がちょっと精神的に疲れている、ストレスを溜《た》め込んでいそうだ、と感じた場合は、交渉を前に進めるより、相手の精神的負荷を低減することを優先してくだ**

さい。

そのためにはまず、「できるかぎり交渉の時間を快適な環境にする」というのが有効です。リラックスしやすい場所、というのは人によって決まっています。たとえば、会社の喫煙所というのは、スモーカーの人たちにとってはお互いに精神に好作用をもたらす薬物を摂取《せっしゅ》しながら気楽に話せるコミュニケーションの場でしょう。

そこでの非公式な会話が仕事につながることが多いというのも、人間にとってリラックスできる場での話し合いが有効であることの証明と言えます。

何かしらの頼みごとを相手にするときには、曜日なども関係してきます。アポイントをとる電話をするのであれば、「今日から1週間が始まるのか……」と暗くなっている月曜日の午前にかけるよりも、「明日から休みだ！」とウキウキしている金曜の午後にかけたほうが、成約率が高まることが実証されています。

環境の快《かい》・不快《ふかい》が心理面にも大きな影響を与える、というのは、いろいろなところで応用されています。

たとえば東京地検では、被疑者用の椅子というのはボロくて座り心地が悪く、検察官が座る椅子は立派でとても座り心地が良いそうです。

商売でも同様に、ファーストフード店の椅子はあまり座り心地が良くなく、BGMの音量もうるさめで、居心地を悪くすることで客の回転を速めているのは有名な話です。

交渉では、相手側に来てもらうか、それともこちらが向こうに出向くか、というのも、大きく話し合いの内容を左右するでしょう。

相手に心豊かに決断してもらいたい場合は、こっちが出向いたほうがいいでしょうし、こちらの強い立場を活かしたいときには、先方に来てもらったほうがいいのです。

動物的反応がネガティブに働いているとき、相手側の感情的な反応には、こちら側はつき合わないのが鉄則になります。つられてこちらも感情的になると、ますます相手の感情がエスカレートしてしまうからです。

「今日は虫の居所が悪そうだな」と思ったら、交渉を延期したほうがいいこともあるでしょう。ツイッターなどを見ていると、明らかに「この人はちょっと感情が高ぶってるな」とわかることがあります。

一定の間隔で躁《そう》状態と鬱《うつ》状態をくり返す人は少なくありません。

気温や気圧の影響もあるようですが、そういう人の発言を時系列に注意深く観察すると、

「いま、この人は躁モードだな」「鬱の時期に入った」というのがわかります。そして、躁モードにあるときは、やたらと攻撃的な発言をくり返したりします。

ネットではそういう人を面白がって攻撃したりする人がいますが、現実の世界でこのタイプに出会ったら、「いまはこの人と交渉すべきではないな」と判断して、そっとスルーするのが賢明でしょう。

人間というのもしょせんは動物なので、その動物ならではの特性もきちんと把握しておくことはとても重要なのです。

〈「動物的な反応」をする人とどう向き合うか？〉

相手の生理的感情に配慮しながら、うまくスルーする

「原理主義者」「反社会勢力」「独裁者」との交渉

さて、長々と時間をかけて、非合理的な交渉者の典型である「6タイプの人間」について見てきました。

この時間の冒頭の練習問題に出てきた「ライセンスを認めない大学教授」のような人と

交渉することになったときでも、これまでに挙げた類型に当てはめて考えることで、具体的な対応策が考えられるでしょう。

教授の価値観を尊重したうえで、相手が判断するための「情報だけ」を伝えたり、何度も大学を訪れることで徐々にラポールを築いていくことで、交渉が前に進むかもしれません。

交渉の現場では、非合理な理由で意思決定が左右されることは珍しくないどころか、むしろそっちのほうが多いと言ってもいいぐらいです。

ですから、この6タイプというのは、自分がそうなってはいないかどうかをチェックすると同時に、そういうタイプと出会ったときのための対処法、あるいはそういったやっかいな相手を回避するための指標として、しっかり覚えておくといいでしょう。

この他にも交渉がむずかしいタイプとして、「一般社会の価値観とはあまりにもかけ離れた人」の存在があります。

いわゆる「原理主義者」との交渉です。

独自の価値観を絶対的なものとみなしている人々、つまりテロリストや、カルト宗教関係者との交渉では、こちらが「こう考えるのがふつうでしょう？」と考えるロジックがまったく通用しません。

なので、彼らとは交渉ではなく、脱洗脳を施《ほどこ》したり、暴力装置に裏付けされた国家権力に取り締まってもらうしかないでしょう。

原理主義者と似たようなタイプとして「反社会勢力」と呼ばれる暴力団などとも、大企業の広報部などに勤めている場合、ときとして交渉のテーブルにつく必要が出てくるかもしれません。

しかし暴力団の場合は、じつは交渉はやりやすい。

それは、彼らにとっての最大の関心事は、何よりも「お金」であることがほとんどだからです。

私の知り合いのある著名な不動産ファンド経営者は、たびたび暴力団から脅《おど》しを受けていましたが、「たとえ街宣車《がいせんしゃ》を呼ばれても、『夜道には気をつけろよ』と脅されても、まったく問題ありませんよ。法律にのっとって粛々《しゅくしゅく》と対応すればいいだけです。彼らは『金にならない』とわかればけっして無駄なことはしませんから」と言っていました。

そのように、**一見すると自分のロジックがまったく通じない相手でも、その人の「行動**

原理」というものを見通すことで交渉可能な相手になるケースはよくあります。

会社や組織の責任ある立場の人が「自分の考えることが絶対に正しい」と思っていて、部下や下の立場の人間の意見をまったく聞かない、というケースも多々あります。

ベンチャー企業や中小企業の経営者に多いタイプで、いわゆる「独裁者」と呼ばれる人たちです。

そういう人との交渉でも、これまでに述べてきた考え方を応用することで、相手の高いプライドや、独自の価値観を傷つけないようにしながら、話し合いを前向きに進めることができるだろうと思います。

とにかく、**自分のことではなく「相手を分析する」ことが、合理的・非合理的な交渉を問わず、きわめて重要です。**

交渉においては、具体的な手法や専門用語なんかよりも、まずはそのことだけを押さえておいてください。テクニックの細かい内容なんて忘れてしまってもかまいません。実際の交渉にのぞむ前に読み返して、思い出してもらうだけでかまわないのです。

交渉メンバーが共有すべき「3つの注意点」

さて、ここまで2時間目から5時間目までの授業を通して、合理的な交渉と非合理的な交渉の双方について学んできました。

これでひとまず、最低限知っておくべき交渉の基礎知識については、ひと通り見ていくことができたと思います。

しかし、現実のビジネスにおける交渉は、自分と相手の2人だけの話し合いということは少なくて、たいていの場合は双方ともに複数の人間が参加します。

そのため、これまで述べてきた内容に加えて、参加するメンバー全員が共有しておくべき注意点というものがあるので、この時間の最後にカンタンにお話ししておきましょう。

複数のメンバーが参加する交渉において事前に注意しておくべきことは、以下の3点になります。

> ①「アウトプット」
> ②「ドレスコード」

③「NGワード」

アウトプットというのは「出力」のことで、交渉においては「何を達成するか？」という交渉のゴールのことを指します。

たとえば、自社とクライアントとのシステム開発の受注に関する交渉であれば、「この金額以上（もしくは以下）ならば合意する」という金額を決めたり、「納入するシステムの機能をはっきりさせる」といった明確な交渉の結果がアウトプットに当たります。

システム開発のような案件では、交渉時にアウトプットを明確にせずにあいまいな仕様のまま進んでしまい、あとからクライアントにクレームをつけられるといったことが珍しくありません。

とくにビジネスの交渉では、アウトプットの記録をしっかり残しておくことが、のちの「言った、言わない」といった争いを避けることにもつながります。

交渉が複雑であればあるほど、どういう条件ならば合意できるのか、というラインを明確にしておき、それ以下ならば交渉がもの別れに終わっても仕方がない、ということをメンバー間で共有しておくことが必須となるでしょう。

アウトプットは、交渉の最終的なゴールの他に、「今回のミーティングにおいては、相手にこういう印象を持ってもらう」「相手側のバトナを見極める」「この情報を開示することで相手の反応を見る」などの小さな目的である場合もあります。

つまり、**一回ずつのミーティングが終わったあとに、何を達成していれば成功と見なせるのか、明確に決まっていない交渉はマズいわけです。**

このことは、ふだんの会議でも同じです。

長時間にわたる会議でも、最初に何が決まればゴールなのか、あらかじめ決めておかない場合、まったく無駄話で終わってしまうことがよくあります。

交渉の理論をきちんと学んでおけば、複数回の交渉があったとしても、「今回のミーティングで話題となった項目は最終的な合意事項なのか、それとも途中段階のものなのか？」「次回のミーティングでは、どんなアウトプットが必要なのか？」といったことが、はっきりとわかるようになるはずです。

シリコンバレーにスーツ姿で出向く日本人

つぎに「ドレスコード」です。

ドレスコードとは本来、パーティなどに出席する際に主催者側から求められる服装のことを言いますが、**交渉においては、単なる外見に加えて「非言語的メッセージを与えるものすべて」を指します**。

たとえば表情や仕草《しぐさ》もそうですし、「メンバーそれぞれの関係性をどう見せるか」「どんな雰囲気でミーティングを進めるか」によっても、交渉はまったく違ったものになります。

カジュアルな雰囲気で友好的に話し合うのか？

それとも、多少ケンカになってもいいので戦闘的にいくのか？

そういった「モード」についてもメンバー間でマインドが統一されていなければ、相手にこちら側の意思を正確に伝えることはできないでしょう。

相手に与える印象は、見た目のビジュアルが作り出すモードによって、だいぶ変わってきます。だから、意識的に使い分けないとダメです。

私も最近、メディアに出るようになりましたが、どんな媒体《ばいたい》に出るかによって「意外といい人モード」「びしびしモノを言うモード」などを切り替えており、取材や収録に着ていく服や、雑誌などに掲載する写真（笑顔か真剣な表情か、など）も、そのモードに合ったものを逐一選択するようにしています。

とくに、交渉時の服装はかなり重要なポイントになります。

交渉における服装の重要さを示すもっとも有名な話は、孫正義《そんまさよし》氏のソフトバンクが米国のヤフーに投資したときのエピソードでしょう。

当時、ソフトバンク以外にもいくつかの日本の会社がヤフーに投資したいと考えていました。彼らは米国のヤフーを何度も訪れて、投資の交渉を行いましたが、どの会社の担当者もスーツを着て、押しかけていたと言います。

ヤフー側はそのたびに「きわめて日本的だなあ」と思っていたそうです。

しかし、ソフトバンクだけがシリコンバレーの文化を理解しており、あえてラフな格好で交渉にのぞみました。

その結果、ヤフーの創業者であるジェリー・ヤンは「この人たちは自分たちと価値観が近い」と判断し、投資を受け入れたのです。

このように、服装というのは交渉においてきわめて重要な意味を持ちます。

ビジネスの交渉であれば、白以外のシャツがNGの会社もありますし、社員全員がTシャツにジーンズという会社もあるでしょう。

私の場合、交渉のときにはダークスーツに赤いネクタイを締めて行くようにしています。アメリカの大統領候補はみんな赤いネクタイを締めていますが、赤という色は色彩心理学的にとても相手に強い印象を与えて、情熱的で自信があるイメージを植え付けます。

交渉のときにも、「手強い相手である」と印象づけられるのです。

その逆に、ある会社を買収する交渉に出向いたときには、こちらがあまりお金を持っていないと先方に見なしてほしかったので、メンバー全員がシワの寄った安いスーツを着て行きました。

それくらい、服装には気を遣《つか》わなければならないのです。その日の朝に乾《かわ》いていた洋服を何も考えずに着ていくなんて論外ですし、チーム全員で服装のモードを統一しておくためには事前の意思疎通も必要です。

とはいえ、そこまで注意している人はあまりいないでしょう。最初は気にしていても、だんだんと慣れてきて、惰性《だせい》で服を選ぶようになります。

だからこそ、ここで差がつくのです。

相手によって言葉を使い分ける

ドレスコードでは「言葉遣《づか》い」も非常に重要です。

以前に私が出演した若い人向けのネットのインタビューでは、書籍では絶対に使わないようにしている「DQN《ドキュン》」「ふじこ」などといったネットスラングをあえて使用しました。

それは、そのインタビューを2ちゃんねるやニコニコ動画を見ているような若い人たちにぜひ読んでもらいたいと思ったからです。

そのインタビューを読んで、瀧本という人物に興味を抱き、その結果『武器としての決断思考』というディベートについての本を読んでもらうことによって、彼らに「そうか、だからネットの議論はいつも不毛《ふもう》な結果に終わるのか」と感じてほしかった。

そういった明確な目的があったので、私は彼らが慣れ親しんでいる言葉をわざと使ったわけです。

どんな言葉を使うかによって、相手はその人物を「自分たちの仲間だ」とも思うし、「自分とは違う世界の人間だ」とも思います。

言葉のドレスコードには、十分注意して交渉にのぞんでください。

交渉における言葉の重要性については、もう一度、つづく6時間目で説明したいと思います。

「場が凍《こお》る瞬間」を避けるために

最後に「NGワード」です。

重要な交渉であればあるほど、相手に絶対に伝えてはならない機密事項や、「この話をしたらミーティングが紛糾《ふんきゅう》してまとまらなくなる」といった情報があるはずです。

たとえば、クレームをつけてきた相手のところに出向いて謝罪するときでも、こちらが一切、法的にも倫理的にも金銭的な弁償《べんしょう》の義務がないのであれば、その交渉においては「弁償」という言葉は使うべきではありません。

それはNGワードなのです。

だからあらかじめ交渉の前に、チームのメンバー全員で「今日のところはコストの話はしたくないから、値段についてはいっさいこちらからは出さないように」といった感じに、**その交渉において「発《はっ》してはいけないワード」を共有しておく必要があるでしょう。**

NGワードも、アウトプットやドレスコードと同様に、交渉によって違います。

それは、自分が立ち会う交渉を目的に照らし合わせて正確に分析すれば、自然と決まるはずです。

逆に、それらが正確に決まらないということは、その交渉の位置づけが決まっていないということになります。

ミーティングに行く15分前、「今日のアウトプットは？」「ドレスコードわかってる？」「NGワードは何？」とメンバーに確認したときに、**すぐに全員が答えられればオーケーですが、そうでなければ、そのミーティングは「やばい」と言えます。**

交渉はインタラクティブなものなので、話が進んでいくうちに当初想定していた方向とは違う方向へ行くことなんてざらでしょう。

しかしだからこそ、この3つの注意項目を事前にきちんと決めておき、道を踏み外しそうになったら、しっかりもとに戻さなければいけないのです。

もしあなたが交渉のリーダーになったら、ぜひ以上のことを覚えておいてください。

★相手の価値観は絶対に変えられないから、尊重して合わせるしかない。

★合理的・非合理的な交渉を問わず、やはり「相手の分析」が最重要！

6時間目　自分自身の「宿題」をやろう

授業もいよいよ大詰《おおづ》めとなってきました。

最後の時間となった6時間目では、みなさんが交渉思考を学んだことによって、今後どんなことができるようになるのかについて、お話ししたいと思います。

ここまで学んできたことの集大成であり、みなさんに目指してほしい最終的な「ゴール」の話でもあります。

お急ぎの方は、ガイダンスとこの6時間目だけでもかまわないので、目を通していただきたいと思います。

交渉は「断られてから」が勝負

まず最初に、具体的な交渉の事例として、ある会社の話をしたいと思います。

私が投資する会社のひとつである株式会社オトバンクは、「オーディオブック」が商品です。市販の本を声優などに朗読《ろうどく》してもらい、その音声データをＭＰ３プレイヤーなどで聞けるように配信して販売するという事業を行っています。

もともと東大の学生だった上田渉《わたる》という男が24歳のときに作ったベンチャーで、いまも社員のほとんどが20代という若い会社です。しかし現在オトバンクは、そのオーディオブック事業で、いくつかの競合があるなか、国内ナンバーワンの配信数を誇るまでに成長しています。

オトバンクは非常に交渉力のある会社で、現在はほぼすべての大手出版社と契約をし、数多くのベストセラーを配信できるようになりました。

もちろん、スムーズにすべての交渉がいったわけではなく、最初の頃にはかなりの苦労をしています。しかしあるときに、非常に重要な交渉をまとめることができて、その契約がキーとなって、つぎつぎと大手出版社と提携することが可能となったのです。

その重要な役割を果たしたのが、航空会社ＪＡＬとの契約です。

飛行機の乗客席には、ヘッドフォンが各自の椅子《いす》に据《す》え付けられており、ラジオや映画などの音声を楽しむことができるようになっています。私たち（私はオトバンクの取締役もつとめています）はこの機内の放送で、オーディオブックを流させてほしいと交渉を持ちかけたのです。

そして、この配信の権利を取ったことが、のちの出版社との版権交渉において、私たちの信用を高めるうえで非常に役立つこととなりました。

JALとの配信権の交渉は、初期のオトバンクにとって、もっとも重要と言っていい案件でした。しかし同時に、非常に厳しい交渉でもありました。

オトバンクのようなベンチャー企業が、JALのような国内屈指《くっし》の大企業と交渉して、どのように合意にいたったのかをご紹介することは、きっとみなさんにとっても何かしらのヒントになることと思います。


もともとJALに営業に行くことができたのは、同社のコーポレートブランド戦略を担当している人が、社長の上田の大学の先輩だったことがきっかけでした。

ゼミの講演で出会ったことをきっかけに後輩の上田のことを面白く感じてくれたようで、「一度会社に遊びに来なさい」と言ってくれたのです。

私たちは「これはチャンスだ！」と思い、勢い込んでJALの本社に向かいました。しかし、機内エンターテインメント事業に関しては、その方は決裁権を持っていなかったので、お願いして担当者を紹介してもらいました。

そして、その紹介してくれた担当の方にお会いしてみると、「たしかにいまの音声コンテンツはジャンルに偏《かたよ》りがあるので、オーディオブックのようなサービスは魅力的だと思います」と興味を持ってもらえたのです。

私たちの士気《しき》は一気に上がり、番組のひとつとして入れてもらえるように正式な企画書を提示しました。

ところが最終的には、「正直な話をしますと、いまでも番組がたくさんあって、機械の容量的に新しいコンテンツを入れるのはむずかしい状況です」と言われてしまいました。さらに「他の会社からも提案がたくさんあって、順番待ちの状況となっており、そこに新規企画が割り込むのは厳しい」と断られてしまったのです。

ふつうの人だったら、「番組がいっぱいなら、しょうがないよな」と、ここで諦めるところだと思います。

しかし、上田は違いました。

彼らに対して「別のメリットを提示できないだろうか？」と考えたのです。

「わかりました。機内エンターテインメントに入れないのは仕方ありません。では、私たちがＭＰ３プレイヤーを用意してご提供します。

私たちがプレイヤーのメーカーと交渉しますので、彼らからの試供品というかたちで配るようにすれば、ノーリスクで新たにコンテンツを増やせますよ」

という提案に切り替えたのです。

しかし、担当者はこう言います。

「面白いアイデアですが、現実的に機内のどこで、どうやってＭＰ３プレイヤーを渡せるか考えるとむずかしいでしょうね。客室乗務員はフライト中すごく忙しいし、いまのオペレーションのなかで渡すのは不可能だと思います」

と、これも断られてしまったのです。

ここまで言われたらもう無理だ、とほとんどの人が思うでしょうが、ここでも上田は諦めませんでした。

彼はＪＡＬを出ると、その足で羽田空港に向かい、飛行機のチケットを買って、東京から大阪に向かう国内線に乗り込みました。

そして、搭乗口から飛行機を降りるまでの動線をぜんぶデジカメの写真に撮って、「ここで使い方を説明します」「ここでプレイヤーを渡します」「ここで回収します」とプランを詳細に企画書にまとめました。

そしてあらためて後日、担当者に面会してもらい、「こんなふうにやれば実現できますよ」と提示したのです。

すると担当者はもう根負《こんま》けしたという表情で、「わかりました。つぎの番組改編で入れてあげましょう」と私たちの提案に合意してくれたのでした。

これは想像ですが、おそらくその担当の方にとって私たちの提案は、ちょっと面倒な案件だったのだろうと思います。機内コンテンツの拡充《かくじゅう》をはかりたい意向はあるけれど、どうしても急いでやらねばならない仕事ではない。

そこで上田は、その担当の方の「やってはみたいけれど現実にやるとなるといろいろ面倒だな」という思いの「面倒」の部分を、自分で動くことでぜんぶ消去してあげたのです。だから担当者は、「そこまでやるのならば」とオッケーを出してくれたのだと思います。

このように、**交渉が一見すると完全にデッドロックに乗りあげてしまって、これ以上手の打ちようがない、と思われる状況でも、相手の「できない」を具体的な行動によって合理的に潰してあげることで、状況が打開できることがあります。**

「どうしてもこの交渉を通じて合意を結びたい」という強い意志があるならば、相手にその熱意を口頭で伝えるだけではなく、行動することが大切なのです。

自分のロマンを「プロジェクトX化」する

具体的な行動があってこそ、人の心は動く。

それは、行動を見た人がその裏にある「ロマン」を感じ取り、「こいつは本気だ」と思うからです。

上田の行動の裏にも、彼の強固なロマンがありました。

上田の祖父は書斎《しょさい》を持つほどの読書家でしたが、緑内障《りょくないしょう》が原因で両目を失明。その姿を近くで見ていた上田は、祖父の死後、「オーディオブックを普及させることで、多くの視力を失ってしまった人にも幸せな読書体験を提供したい」と思い、オトバンクを創業したのです。

ロマンの裏付けがある行動と言葉には、とても強い力が宿《やど》ります。

1時間目で私は「初めにロマンありき」という話をしましたが、**交渉において、最後に人を動かすのもロマンなのです。**

その実例をもうひとつ、お話ししたいと思います。

私が事務局長をつとめる全国教室ディベート連盟というNPO法人では、全国の中学・高校の弁論部とディベート部が集まって論戦を行う「ディベート甲子園」を毎年開催しています。

2012年で17回目となりますが、そのディベート甲子園の第一回を企画した1996年の時点では、まだ任意団体で、なんの実績もありませんでした。私もまだ20代前半の若者で、なんの実績も社会的信用も持っていませんでした。

その最初の開催にあたって私たちは、さまざまな企業に協賛を呼びかけました。

幸いに、読売新聞社という大手メディア企業が応援してくれることになりましたが、全国規模の大きなイベントにすることができたのは、日本財団という大組織の支援を取り付けたことが大きかったと言えます。

しかし、法人格もその時点では得ておらず、また作ったばかりの団体ですから、寄付金を出してもらうのにはかなりハードルの高い交渉が必要でした。

当時、こちらの団体の中心メンバーには東大の教授がいたので、それなりに社会的信用はありましたが、実績がゼロなので、いくらこれからやろうとしている計画を語っても、それはまったくもって絵に描いた餅《もち》にすぎません。

日本財団という大きな組織に対して、相手のメリットとなるような提案をできるだけの力もなく、言わば徒手空拳《としゅくうけん》で交渉に向かわねばなりませんでした。

しかし、それでもなんとかして日本財団から支援を取り付けなければ、大会の規模が小さくなり、世の中にインパクトを与えるイベントにはなりません。

そこで私たちは、つぎのような演説を行ったのです。


「経済はどんどんグローバル化していき、アジア各国も力をつけているなかで、日本ではバブルが崩壊し、これからは少子高齢化が急激に進むことが確実視されています。

政治も経済も明るい兆《きざ》しが見えない状況で、大人たちが閉塞感《へいそくかん》に包まれるなか、いまの中学生や高校生は自分たちの未来の姿を思い描くことができなくなっている。

このままでは、彼らが大人になったときに、日本は立ち行かなくなるかもしれません。

いま必要なのは、彼らに対して『自分の頭で考える力』を身につけてもらうことです。

そして、考えたことを世界中の多くの人々にわかりやすく伝えることができるようになってもらうことです。

その支援をすることが、これからの国際化する世界で生きる若者たちに対して、僕たち大人ができる今もっとも大切なことだと思います。

僕たちがやろうとしているディベート甲子園の目的は、まさにそこにあります。

僕たちはいくら支援してほしい、ということは申しません。

ただ本日の話に賛同していただけたなら、お気持ちでけっこうですので可能な額を支援していただけないでしょうか。

僕たちはそのお金を必ず有効に使って、日本の若者たちの言論の力の向上に役立てることをお約束します」


私たちはそう言って、その場を辞去《じきょ》しました。

数日後、日本財団は、法人格を持っていない団体へ出せる金額のマックスの数字を提示してくれました。

私たちはその金額を見てびっくりし、「これでディベート甲子園が開ける！」と喜び合ったものです。

権力も、お金も、看板も、自分たちには何もない――。

そんな厳しい状況でも、**掲《かか》げているビジョンが社会にとって大きな意義のあるものであれば、そして、そのビジョンを実行できるだけの力を持っていることが証明できれば、たとえ実績がなくても人を動かすことはできます。**

世の中で本当に強い力を持っている人々は、すでに経済的にも社会的にも成功しています。だから、「自分が得をするかどうか」よりも「世の中が良くなるかどうか」を価値判断の上位に置きます。

若い人であっても、すごく高い理念を持って行動している人のところには、大きな支援が集まるのはそのためです。

私は仕事でよくメンバーに「これはプロジェクトXになっているか?」と聞きます。

ご存じのとおり、『プロジェクトX』は、かつてNHKで放映されていたドキュメンタリー番組です。さまざまな企業や組織が取り組んだプロジェクトの裏側にあった、知られざるエピソードを丹念《たんねん》に掘り起こし、感動的なストーリーに再構築することで、大人気の番組となりました。

あの番組のように、いま自分たちがやろうとしていることが、あとから振り返ったときに多くの人の感動を呼ぶことができるかどうか？

そう考えて取り組むのと、ただ単に「仕事だから」と惰性《だせい》で取り組むのとでは、結果に雲泥《うんでい》の差が生まれます。

人は誰でも、テレビではなく自分が生きる現実の世界で、感動したいと思っています。そして、できうるならば、自分もその「ドラマ」の登場人物になってみたいと思っています。

だからこそ、何か大きなことを成そうと考えたならば、自分の企《くわだ》てを「プロジェクトX化」することが大切なのです。

言葉は最大の「武器」

本書では、交渉についてさまざまな角度から語ってきました。

しかし、私が本当にひとつだけ、これだけはみなさんに覚えておいてほしいということを明記するならば、それは「言葉こそが最大の武器である」ということになります。

このことが伝われば、本書の目的はほとんど達成したも同然です。

みなさんがふだんの生活でふつうに使っている言葉には、すさまじいパワーが秘められており、その使い方を磨《みが》くことで、とても大きなことを成し遂げることができるのです。

私は大学に在学中、弁論部に所属していました。

東大弁論部は、旧制第一高等学校以来の伝統があり、学制の改革によっていまの東京大学が設立される以前からあった組織です。

つまり、ある意味、東大の歴史よりも弁論部の歴史のほうが長いのですが、多くの人には具体的にどんな活動をしているのか知られていません。

「いったいどういうことをやっているの？」と部外の人に聞かれたとき、いつも私は「言語に関する研究を行うサークルです」と答えていました。

日本人であれば、日本語はだいたい誰でもふつうに使えます。日常生活で困ることもありません。それなのになぜ、わざわざ言語を研究する必要があるのか？

それは、「日本人は、日本語という単一言語を話す国民である」と思われていますが、じつはそうではないからです。

現実には、年代、性別、社会階層、地域、仕事の業界、属している文化圏ごとに、まったく違う日本語が使われています。

たとえば金融業界は、金融の世界だけで通じる言葉をあえて使うことで、部外者を排除しています。また法律学を学ぶとは、つまるところ「法律の用語」を学ぶこととほぼイコールです。

経済学も「経済用語」を学ぶことと言ってもいいですし、その他の学問分野でも、対象領域で使われる言葉を学ぶことが必須となります。

つまり、ある分野でプロフェッショナルになろうと思うのであれば、その業界で使われる言葉を、外国語を学ぶような意識で習得することが大事なわけです。

そういう業界用語を「ジャーゴン」と呼びますが、あらゆる組織で人々はジャーゴンを使うことによって、自分たちの「仲間」かどうかを判断している側面があります。

渋谷で女子高生が話している言葉も、彼女たちが仲間を識別《しきべつ》するためのジャーゴンであるわけです。

しかし、気をつけなければならないことがあります。それは「ジャーゴンだけを使っていては、自分が属する社会のなかから出ることができない」ということです。

自分と属する組織が違う相手、違う言葉を使う人とコミュニケーションをはかるためには、相手の土俵に立って、相手に通じる言葉で話さなければなりません。

自分の外部にいる「他者」とつながり、連携し、行動をともに起こすためには、外部で話されている言葉を学ぶと同時に、自分の言葉も相手に届くように、磨き続けなければならないのです。

それを実践して見せてくれたのが、第44代アメリカ大統領の、バラク・オバマ氏です。彼はもともと弁護士業をするかたわら、貧困層の支援をする活動を続けてきました。その活動をするなかで、アメリカのメインストリームに属していないため、政策に声が届けられずにいる人々がたくさんいることを知り、やがて彼らの声をまとめて地元の議員に届け、生活改善のための政策立案を促すようになります。

このコミュニティ・オーガナイザーと呼ばれる仕事を通じて、オバマ氏は人々を組織化し、要望を拾い上げ、支援を集めていく手腕《しゅわん》を培《つちか》っていきました。

そのためにたいへん役立ったのが、彼のスピーチのうまさです。

オバマ氏はそれまで政治にほとんど関心がなかった若者やマイノリティ層の人々に対して、団結することを呼びかけ、少額の献金を集めて、政府が無視することのできない勢力へと育て上げました。

そして最終的に、彼の演説のもとに集まった人々は、大統領に当選するだけの票の数となったのです。

このことから「オバマはスピーチがうまいだけで大統領になった」と言う人がいますが、話はまったく逆です。**「言葉に力がある」ということは、つまりアメリカ合衆国の大統領になれるほどの力となるということなのです。**

言葉の力で国が動くのは、アメリカだけの話ではありません。

１５０年前の明治維新は、あれだけ大きな社会変革だったにもかかわらず、フランス革命やアメリカ独立戦争と比べると、直接的な死者がたいへん少ない革命でした。

それはなぜかといえば、敵勢力を武力によって打ち負かすという運動も行われてはいましたが、その一方で、倒幕派《とうばくは》の人々が言論を通じて意見を統一していき、仲間を増やしていくという活動を、活発に行っていたからです。

だから、あれだけ大きな権力変更にもかかわらず、たいへん死者が少なかった。

明治維新というのは近代革命のなかでも、際立《きわだ》って言葉を武器として行われた革命だったと言えるでしょう。

いまの日本にも、閉塞感にうんざりしている若い人たちのなかから、つぎつぎと「世の中を変えたい」と考える人が出てきています。みなさんのなかにも、「どうにかして日本の未来を良くしたい」と考える、志《こころざし》を持った人がいることでしょう。

そう思うみなさんが、**もし本気で世の中を変える力を身につけたいと思うならば、まず言葉を磨くことです。**

民主主義体制の社会では、銃と大砲で政府を倒す必要はありません。それは選挙というシステムを通じて、革命を簡単に起こせるからです。

私たちのいま生きる日本は、言葉の力で政府を倒すことができるのです。

ネットワークのハブに合意という「楔《くさび》」を打ち込め

「そうは言っても、自分のような若者がひとりやふたり声を上げたところで、社会に影響は与えられないよな」

「日本で行われているデモや、いろいろな政治運動を見ても、それによって現実が動くことってほとんどないように見えるし……」

そのように考える人も多いでしょう。

たしかに人は、ひとりではほとんど何もできませんし、いまの日本で行われているデモや各種の政治運動の多くは、現実の社会を動かす力とはなっていません。

しかしだからといって、諦める必要はありません。正しい社会の捉え方と、正しい変革の方法さえ学べば、世の中を動かすことはできるからです。

なぜ日本のデモや市民の政治運動が社会を動かせていないのか？

それは、彼らの行動の多くが、ある意味「雲のようなもの」に向かって行われているからです。

官公庁や大企業をいくら取り囲んでシュプレヒコールをあげたところで、そこで働くひとりひとりの人は、「まあ自分個人に向かって言われているわけではないしな」と思うのが自然な感情でしょう。

総体としての組織、いわば不特定多数の顔の見えない人の集団にいくら文句を言ったところで、誰も「自分の責任でなんとかしましょう」とは考えてくれません。

だから、各種のデモにはほとんど意味がないのです。

ならば、どうすればいいか？

答えは明白です。

特定分野で強い力を持つ個人にアプローチし、交渉して、合意を結ぶのです。

たとえば「若者の就労問題をどうにかしたい」と思うのであれば、雇用問題に関心のある議員を調べて、「一度会ってお話しさせてもらえませんか」と働きかけてみる。

市議会議員ぐらいならば、きちんと連絡をとれば必ず会ってくれるはずです。

加えて、若いビジネスマンがよく読む雑誌の編集者にアプローチして、

「そちらの読者である20代の男性は、就活問題と雇用問題に強い関心を持っていますよね。僕が各党の若手政治家を集めて、自分の就職体験と、これからの日本でどんな雇用体系が作られるのが望ましいと考えるか、彼らに討論してもらう座談会をセッティングしますよ。ギャラは要《い》りませんから、巻頭の企画でやってみませんか?」

と持ちかけるのです。

これは両方にとってメリットのある提案ですから、乗ってくる可能性は大いにあります。その座談会がきっかけとなって、議員とメディアの双方にパイプができれば、それが「ロビー活動」の下地《したじ》となります。

自分たちが望む方向に政策を提言したり、法律の改正案を持ちかけたりと、世論に訴えるきっかけを生み出すことができるわけです。

デモ活動や反対運動で路上を歩いて大声をあげるより、法律を改正したり、メディアを通じて広く意見を表明するほうが、よっぽど直接的に世の中に影響を与えられるでしょう。

いま自分のいるその場で「秘密結社《ひみつけっしゃ》」を作れ

こういう活動は、自分がどんな場所にいてもできます。けっして、一部の人だけの方法ではありません。

たとえばみなさんがいる会社のなかだって、「社内ロビー活動」を行うことで、自分が持っていきたい方向に会社を誘導することができるはずです。

仕事をしていて、このままでは将来的に、会社も自分もあまりうまくいきそうにない。そのように感じるのであれば、**同期の若手と飲んで愚痴《ぐち》を言い合うのではなく、具体的な行動につながる「秘密結社」を作ってみるのです。**

実際に、私の身のまわりでも、長い間この日本を覆《おお》っている閉塞感にしびれを切らし始めた若い人たちが、いろいろな業界で秘密結社を作り始めています。

たとえば、霞《かすみ》が関《せき》官僚のある若手グループは、「新しい霞が関を創《つく》る」ということを合言葉に、「プロジェクトK」という活動を始めました。

これまでのような省庁縦割りの行政システムではもはや立ち行かなくなっていると感じる若い官僚たちが、「省益《しょうえき》のためではなく、国民全体の利益のため」という視点を取り戻し、質の高い政策立案ができる仕組みを作っていくために、役所の枠を超えて話し合いを始めているのです。

同じように、「うちの組織はこのままではダメだ」と感じている若手社員が「秘密結社」を作る動きは、テレビ局や新聞社など、大きな構造の変革が待ったなしとなっているメディア各社にも見られます。

わけあって具体名は出せないのですが、「これぞ！」という若手社員をメディアの業界横断的に誘って、勉強会を開いたり、水面下のプロジェクトを実行しています。

私が軍事顧問をつとめるこの「星海社新書」レーベルを刊行している星海社も、同様に「会社や業界の現状に強い危機感を持った20代と30代の若者たち」が立ち上がって起業したベンチャー出版社です。

彼らは秘密結社ではありませんが、彼らの持つ「ロマン」に共鳴《きょうめい》したからこそ、私は顧問として支援することを決めました。

あなたがいる会社も、時代の変化に経営陣や中高年の上司がついていけず、置いていかれそうになっているならば、**自分たちが立ち上がって、旧来《きゅうらい》の枠にとらわれない新たな組織を作ってみることを考えるべきなのです。**

いま所属している会社や組織の公式なルートとは別に、志を同じくする人々と社内外でつながり、明確な目的に向かって動いてみる。

そのときに大切なのは、ただ仲間を集めることや、仲良しになることを目標とするのではなく、**その秘密結社で具体的な「成果を出す」ということにこだわることです。**

それでは、成果を出すにはどうすればいいいか?

世の中が動いている仕組みをよく知らないまま、あさっての方向にいくら抗議したところで、現実はびくともしません。

ツイッターの匿名《とくめい》アカウントや2ちゃんねるでいくら「マスゴミがダメ」「既得権益者が悪い」などと書き込んでみたところで、世の中は1ミリも動かすことはできません。

本当に社会を、組織を動かしたいならば、まず自分が変えたいと思う社会や組織のネットワーク構造を熟知することです。

組織を構成するネットワークは均一ではなく、「つながり」の「濃い」部分と「薄い」部分があります。濃い部分は外部とつながっている本数が多かったり、まったく違う種類の大きな組織とつながっていたりします。

それは、特定の会社かもしれませんし、ある分野で大きな力を持つ個人かもしれません。

そのようなネットワークの「ハブ」となる重要な結び目に、交渉によって合意という名の楔を打ち込む。

それもひとつだけではなく、同時多発的に、いくつもの場所で。

ビルを爆破解体するとき、いくら火薬の量が多くても、手当たり次第に爆破したり、建物全体に均一的に爆弾を仕掛けてしまえば、うまく壊すことはできないでしょう。

そうではなく、建物を支える支柱や梁《はり》に爆弾を重点的に仕掛け、しかも同時に爆発させることによって、初めてビルを効率的に爆破することができます。

それと同じで、相手を定めず手当たり次第に交渉したり、全員にメリハリなく交渉したところで、狙った効果はとても望めません。

大きな権力や広いネットワークを持つ、「これぞ！」というキーパーソンや組織・団体だけを狙って、同時にいくつもの交渉をこなして、相手にとっても自分にとってもメリットがある合意を勝ち取っていく。

そうすることで初めて、世の中を少しずつ動かしていくことができるのです。

小さな交渉が「道」をつくる

交渉というのは、新たなネットワークを生み出す行為でもあるでしょう。

私たちは毎日のようにいろいろな人と出会って、小さな交渉をしながら生きています。その小さな交渉の結果、新たにつながった人間同士のネットワークは、必ず世の中全体のネットワークともつながっています。

現在の社会のネットワークは、インターネットの発達によって、ますますその「網《あみ》の目」が密接に絡み合うようになりました。糸の一端を引っ張ると、世の中に張り巡らされたネットワークの糸も同時に引っ張られて、思いもかけぬ大きな影響を与えることがありえるわけです。

個人の小さな活動が国全体に広がって、社会変革のきっかけとなることも現実に起きています。

チュニジアで起こった「ジャスミン革命」のきっかけは、ひとりの失業中の青年が地元の警官に暴行されたことでした。それに憤《いきどお》った個々の市民たちが、フェイスブックによってつながり、同時多発的に起こした運動の連鎖によって、国の政府を倒してしまったわけです。

バタフライ・エフェクトという複雑系の学問で有名な概念では、「ブラジルの蝶《ちょう》（バタフライ）の羽ばたきが、遠く離れたテキサスでトルネードを起こす可能性がある」と考えます。

それと同じように、交渉によって作られたネットワークが相互に連関することで、現在の世界であなたがまとめた小さな交渉が未来の世の中を大きく動かしていく可能性は、十分にあるのです。

私は、ぜひ本書を読んだ人のなかから、21世紀の「塩の行進」を歩き始める人が出てきてほしいと願っています。塩の行進とは、1930年のインドでマハトマ・ガンジーが行ったイギリスへの抗議行動になります。

当時のインドは、イギリスの植民地支配のために、生活必需品である塩が傀儡《かいらい》政府の専売となっていて、重い税金がかけられていました。

ガンジーはそれに反対するため、自ら塩を作ろうと、海岸まで380キロの道を1カ月かけて歩く「塩の行進」を行ったのです。

当初は数十人で歩き始めましたが、やがて植民地支配に反対する人々がつぎつぎに加わって、最終的には数千人の規模となりました。

そして、この塩の行進がきっかけとなって、ガンジーの非暴力・不服従の抵抗運動は巨大なうねりとなり、やがてインドを植民地支配から解放することとなったのです。

中国の近代を代表する作家・魯迅《ろじん》は、『故郷』という作品のなかで、「地上には最初から道があるわけではない。多くの人が歩けば、そこが道になるのだ」と述べています。

ガンジーの塩の行進は、まさにそのものだったと言えるでしょう。

世の中を根本から変えるような出来事も、その始まりに注目すると、ごく小さなことがきっかけで起きている——。

みなさんがこれから交渉によって新たに小さなネットワークを築いていくことも、あとに多くの人が歩く「道」を作り出す行為に他ならないのです。

「カリスマ型」モデルから「群雄割拠《ぐんゆうかっきょ》型」モデルへ

これまでの日本では、先行きが見えない状況となっているときは特に、自分たちを導いてくれる、頭脳明晰《めいせき》で明るく魅力的なスーパーヒーローのような「カリスマ型」のリーダーを求める傾向が強かったように思います。

「自分の代わりに世の中を良くしてくれる誰か」「自分の代わりに意見を言ってくれる誰か」を探し求め、そういう人がどうにかしてくれる、と考える人の姿は、ちょっとネットやメディアを覗《のぞ》くだけでたくさん見ることができます。

２０１２年の１月に、ＮＨＫで「危機の時代のリーダー」をテーマとした討論番組が放映され、そこに私もパネリストのひとりとして参加しました。

番組では、「なぜ日本にはリーダーが育たないのか？」「国際社会に通用するリーダーをどう育てるのか？」「スティーブ・ジョブズのような傑出《けっしゅつ》した起業家を生み出すには何が必要か？」といった議論が、30代の若手パネリストと市民の間で行われました。

なかなか議論はまとまらず、これといった答えは出ませんでしたが、番組の最後に私はこう述べました。

「この番組が成功したかどうかは、この場の議論が盛り上がったとか、論点がわかったということではなく、明日からなんらかの形でリーダーシップをとる人間が、視聴者のなかからひとりでも出てくるかどうかです。

実際に出てくれれば、この番組は成功したと言えるでしょう。

しかしそうはならずに、この番組を見てみんなが明日も同じ暮らしをしているならば、この番組は失敗に終わったと僕は思います」

この発言には、その場にいた多くの人が賛同してくれたようで、大きな拍手をいただきました。

本書もまったく同じです。

この本を読んだみなさんが明日からも同じ生活を送るのでは、意味がないのです。

誰かすごい人が現れて、リーダーシップを発揮したり、イノベーションを起こしてくれるのではないか？　自分たちの状況をガラリと変えてくれるのではないか？

このように、言ってみれば「他力本願《たりきほんがん》」で改革を願うのは、日本人の特性のひとつと言えるでしょう。

しかし残念ながら、他力本願でいるかぎり、少なくとも自分にとっての現実は、ずっと変えることができません。

「なぜうちの会社にはスティーブ・ジョブズのようなリーダーがいないんだ!?」と嘆くのであれば、自分がいまいる場所で、自分なりのミニ・ジョブズになればいいのです。

私は、これからの日本はカリスマ型のひとりのリーダーに牽引《けんいん》されるのではなく、小さなリーダーがつぎつぎに現れる社会にすべきだと考えています。

それぞれが自分の得意な分野でリーダーシップを発揮し、あるときには皆の先頭に立ち、また別のときには他のリーダーのサポート役にまわる。

そうすることで、社会全体の力は強まっていきます。

いろんな場所、いろんな組織に小さなリーダーが現れ、そのときどきで活躍していく。そういうシステムを私は「群雄割拠型」のモデルと呼んでいます。

そして、交渉思考を身につけた若いみなさんには、ぜひそれぞれの場で「群雄」になってもらいたいのです。

自分自身の「宿題」をやろう

講演会を開くと、終わったあとで「名刺交換をさせてください」と来られる方がいます。

講演の感想などを伝えていただくのはありがたいことなのですが、たまに「これからどういう会社に就職すればいいでしょうか？」「どんなビジネスに投資すべきでしょうか？」といったアドバイスを求められることがあります。

しかし、私に未来がわかるはずはありませんし、それに、そういう人生の大切な問題は各々《おのおの》の人間が自分で考えて決断すべきだと思っているので、いつも「わかりません」と答えています。

じつは、私の名刺には名前しか印刷されていません。

もし本当に、何かしら私がアドバイスをするべきときがあるとすれば、それは私と一緒になんらかの仕事や事業を行うときだと思うからです。

連絡先は、そのときに交換すればいいでしょう（それに、いまでは誰でもツイッターで私に向かって質問やメッセージを送ることができます）。

「Do your homework」という言葉は、ジョージ・ソロスと並び称されるアメリカ人の投資家、ジム・ロジャーズが、講演会でよく言うセリフです。

質問者が「これからのアメリカ経済について、どんなふうに考えればいいですか？　そこで自分は、どんな投資活動を行ったらいいでしょうか？」などと他力本願な質問をしたときに、ロジャーズは常にこう答えます。

「それは君の宿題だよ」と。

ロジャーズの答えと同じように、私は今という時代は、ひとりひとりの人間がそれぞれの現場で「自分の宿題」を見つけて取り組むべきときを迎えていると思います。

自分自身が、自分の今いる場所で小さいながらも集団をつくり、そこでリーダーとなっていく。小さい集団は動きが速く、それまでの経験にとらわれず、失敗してもすぐにやり直せます。

これから私たちが生きる「カオスの時代」「先が見えない時代」では、そのような小さな集団がいろいろなところでチャレンジして、交渉によってつながりながら、少しずつ世の中を前に進めていくことが求められているのです。

アメリカの科学哲学者で「パラダイム・シフト」という言葉を生み出したトーマス・クーンは、科学の世界で大きな変革を成し遂げる人の特徴について、こう述べています。

「変革者はふつう非常に若いか、危機に陥っている分野に新しく登場した新人であって、古いパラダイムで決定される世界観やルールのなかに、他の人たちほど深く埋没《まいぼつ》されてはいない」

これはつまり、あらゆる組織、集団、社会で、大きな変革を成し遂げることができるのは、その組織の古いしがらみやルールにとらわれていない人だけだ、ということです。

新人であること。若いこと。まだなんの名声も、地位も、権利も得ていないこと――。

それは言い換えれば、何かを失うことを恐れずに、新しく大胆《だいたん》なチャレンジができるのは、みなさんのような若い人《ゲリラ》たちだけだということです。

1968年、たった13歳の少年が、市販の電話帳で番号を調べて、自分が憧《あこが》れる会社の社長の自宅に電話をかけました。

クラブ活動の製作実習の宿題で、その会社の部品が必要だと思ったからです。

電話に出た社長は、「あなたの会社の部品が欲しいから、無料《ただ》で自分にくれないか?」と唐突《とうとつ》に言ってきた少年のことを気に入り、部品をあげたうえで、夏休みに自社の工場でバイトをしないかと持ちかけます。

少年は大喜びでその依頼を受け、父親に送り迎えをしてもらいながら、その会社の工場で働き始めました。

そして少年は3年後、その会社のインターンシップでひとりの仲間と出会い、やがて彼とともに若くして会社を立ち上げ、リーダーシップを発揮しながら、会社を成長させていきました。

30年以上が経ち、その会社は現在、時価総額でも影響力でも「世界最大の企業」となって、世の中を変えるさまざまな商品・サービスを、私たちに提供し続けています。

若さゆえの無茶な行動、無謀な交渉が、世界を変える——。

自分を変えるきっかけも、世の中を変えるきっかけも、最初は常に小さな一歩にすぎません。その一歩を踏み出す勇気をもって、今みなさんがいるそれぞれの場で、それぞれの「宿題」を見つけにいきましょう。

決断思考と交渉思考を手にして——。

DO
YOUR
HOMEWORK!!!!!!!!!!!!!!!

星海社新書19

武器《ぶき》としての交渉思考《こうしょうしこう》

二〇一二年 六 月二五日 第 一 刷発行
二〇二五年 四 月一五日 第一三刷発行

著者 瀧本哲史《たきもとてつふみ》

ブックデザイン 吉岡秀典《よしおかひでのり》（セプテンバーカウボーイ）
発行者 太田克史《おおたかつし》
フォントディレクター 紺野慎一《こんのしんいち》
編集担当 柿内芳文《かきうちよしふみ》
本文図版 橘《たちばな》雅昭《まさあき》（デマンド）
ライティング 大越裕《おおこしゆたか》
校閲 鷗来堂《おうらいどう》

発行所 株式会社星海社
〒一一二-〇〇一三
東京都文京区音羽一-一七-一四 音羽YKビル四階
電話 〇三-六九〇二-一七三〇
FAX 〇三-六九〇二-一七三一
https://www.seikaisha.co.jp

発売元 株式会社講談社
〒一一二-八〇〇一
東京都文京区音羽二-一二-二一
(販売) 〇三-五三九五-五八一七
(業務) 〇三-五三九五-三六一五

印刷所 TOPPAN株式会社
製本所 株式会社国宝社

ISBN978-4-06-138515-3
Printed in Japan

19
SEIKAISHA SHINSHO

次世代による次世代のための

武器としての教養

星海社新書

星海社新書は、困難な時代にあっても前向きに自分の人生を切り開いていこうとする次世代の人間に向けて、ここに創刊いたします。本の力を思いきり信じて、みなさんと一緒に新しい時代の新しい価値観を創っていきたい。若い力で、世界を変えていきたいのです。

本には、その力があります。読者であるあなたが、そこから何かを読み取り、それを自らの血肉にすることができれば、一冊の本の存在によって、あなたの人生は一瞬にして変わってしまうでしょう。思考が変われば行動が変わり、行動が変われば生き方が変わります。著者をはじめ、本作りに関わる多くの人の想いがそのまま形となった、文化的遺伝子としての本には、大げさではなく、それだけの力が宿っていると思うのです。

沈下していく地盤の上で、他のみんなと一緒に身動きが取れないまま、大きな穴へと落ちていくのか？　それとも、重力に逆らって立ち上がり、前を向いて最前線で戦っていくことを選ぶのか？

星海社新書の目的は、戦うことを選んだ次世代の仲間たちに「武器としての教養」をくばることです。知的好奇心を満たすだけでなく、自らの力で未来を切り開いていくための〝武器〟としても使える知のかたちを、シリーズとしてまとめていきたいと思います。

2011年9月

星海社新書編集長　柿内芳文

SEIKAISHA SHINSHO